Ab al-Hasan ibn Muhammad Amn Gulistnah, Oskar Mann

Das Mujmil et-târîkh-i ba'dnâdirîje des Ibn Muhammad Emîn

Abu'l-Hasan aus Gulistâne

I. Geschichte Persiens in den Jahren 1747-1750

Ab al-Hasan ibn Muhammad Amn Gulistnah, Oskar Mann

Das Mujmil et-târîkh-i ba'dnâdirîje des Ibn Muhammad Emîn Abu'l-Hasan aus Gulistâne
I. Geschichte Persiens in den Jahren 1747-1750

ISBN/EAN: 9783743433946

Hergestellt in Europa, USA, Kanada, Australien, Japan

Cover: Foto ©ninafisch / pixelio.de

Manufactured and distributed by brebook publishing software
(www.brebook.com)

Ab al-Hasan ibn Muhammad Amn Gulistnah, Oskar Mann

Das Mujmil et-târîkh-i ba'dnâdirîje des Ibn Muhammad Emîn

Abu'l-Hasan aus Gulistâne

DAS MUǏMIL ET-TÂRÎKH-I BA'DNÂDIRÎJE

DES

IBN MUHAMMED EMÎN ABU'L-HASAN AUS GULISTÂNE.

[Fasc. I: Geschichte Persiens in den Jahren 1747—1750].

NACH DER BERLINER HANDSCHRIFT HERAUSGEGEBEN UND MIT EINER EINLEITUNG UND MIT INDICES VERSEHEN

VON

OSKAR MANN.

LEIDEN. — E. J. BRILL.
1891.

SEINEM HOCHVEREHRTEN LEHRER

Herrn Dr. F. C. ANDREAS

IN DANKBARKEIT

GEWIDMET

VOM

HERAUSGEBER.

EINLEITUNG.

ÜBER DIE QUELLEN ZUR GESCHICHTE PERSIENS IN DER MITTE DES ACHTZEHNTEN JAHRHUNDERTS.

In der Einleitung zu seiner Ausgabe des »Târîkh i Zendîje des Ibn ʿAbd-el-Kerîm ʿAlî Rizâ von Šîrâz" (Leiden 1888) hat Ernst Beer eine Darstellung und eingehende Vergleichung der für die Geschichte Persiens im vorigen Jahrhundert vorliegenden Quellen gegeben. Wir haben zunächst für die Geschichte Nâdir šâh's das Werk des Mîrzâ Mehdî Khân Asterâbâdî, und dann für die späteren Zeiten auf der einen Seite die Qâjârenhistorien (als ältestes das Târîkh i Muḥammedî), und andrerseits die Darstellungen der Geschichte der Zenddynastie: das Târîkh i Gîtîgušâ des Mîrzâ Ṣâdiq und das von Beer edierte Târikh i Zendîje des Ibn ʿAbd-el-Kerîm ʿAlî Riẓâ. Über das Târîkh i Nâdirî des Mîrzâ Mehdî Khân als historisches Quellenwerk ist dem von Beer, Einltg. zum Târ. Zend. pag. 6—8 gesagten nichts hinzuzufügen.

Doch für die Zeit nach dem Tode Nâdirs bis etwa zum Tode Kerîms besitzen wir noch zwei andere äusserst interessante Werke: erstens das Mujmil et-Târîkh i baʿdnâdirîje des Ibn Muḥammed Emîn Abu'l Ḥasan Gûlistâne, und das Mejmaʿ et-Tevârîkh des Prinzen Khelîl, eines Enkels jenes Mîr Sejjid Muḥammed, der als Sulaimân II. in Mešhed kurze Zeit hindurch den persischen Thron einnahm. Von beiden Werken befindet sich je eine Handschrift im Besitze der Kgl. Bibliothek zu Berlin; sie sind von Pertsch im Verzeichnis der persichen Handschriften der Königlichen Bibliothek zu Berlin, pag. 425—429 beschrieben.

Betrachten wir zunächst das erste, bedeutend umfang- und inhaltreichere der beiden Werke.

Ein Urteil über den Quellenwert des Mujmil et-Târîkh i baᶜdnâdirîje werden wir am besten gewinnen, wenn wir die Lebensschicksale des Verfassers, wie sie uns im Laufe der Darstellung erzählt werden, genauer verfolgen, da sich hierbei herausstellen wird, welche Ereignisse der Verfasser aus eigener Anschauung, und welche er auf Grund anderer Berichte beschreibt. Er entstammte einer angesehenen persischen Familie. Zwei Oheime seiner Mutter bekleideten unter Nâdir hohe Staatsämter, hatten sich aber in den letzten Zeiten seiner Regierung wegen der täglich zunehmenden Gewaltthätigkeit des Fürsten aus Persien geflüchtet und waren nach Indien gegangen, wo der eine in Muršidâbâd bald eine Vertrauensstellung bei dem Gouverneur dieser Stadt sich erwarb, während der andere sogar zum Statthalter von Ambâla ernannt wurde. Ein dritter Verwandter des Emîn endlich, Mîrza Muḥammed Teqî war unter Nâdir Statthalter von Kirmânšâhân geworden, und wurde, als Nâdir im Jahre 1154 d. H. jenen so folgereichen Feldzug nach Daghestân unternahm, (cf. Malcolm, history of Persia II, 93 ff.) zum Mustôfî el-memâlik ernannt. Bei diesem seinem Oheim väterlicherseits lebte Emîn mit seinen beiden jüngeren Brüdern in Kirmânšahân. Nach Nâdirs Ermordung stellte sich Mîrzâ Muḥammed Teqî, der fast unumschränkter Herrscher in Kirmânšâhân war, zunächst auf die Seite ʿAlî šahs, sah sich aber dann genötigt, die Festung mit samt den von Nâdir hier angesammelten Kriegsvorräten dem Ibrâhîm Khân zu übergeben, als dieser von Is̱fahân aus sich gegen seinen Bruder ʿAlî šâh empörte. Als dann nach kurzer Zeit der Herrschaft erst ʿAlî šâh durch Ibrâhîm, dann dieser durch Sâh Rukh, den Enkel Nâdirs entthront und getötet worden war, herrschte in ʿIrâq vollständige Anarchie; denn eben jener Šâh Rukh hatte in Mešhed vollauf zu thun, sich gegen seine inneren und äusseren Feinde zu wehren, und konnte sich um das westliche Persien gar nicht kümmern. In dieser Zeit hatte Mîrzâ Muḥammed Teqî in Kirmânšâhân besonders viel von den Räubereien des Zendstammes zu leiden, der von Nâdir nach Khorâsân versetzt, nach dessen Tode sofort wieder in seine alte Heimat Perie (siehe Beer, Târ. Zend. Index unter diesem Namen, sowie unter: Zend.) zurückgekehrt war, und nun in äusserst gewaltthätiger Weise seine alten Wohnsitze zurückzuerobern strebte.

Als Kerîm Khân, der Führer jener Zend, im Jahre 1164 zusammen mit ʿAlîmerdân Khân Bakhtîârî den S̱efevîden Ismaîl in Is̱fahân zum Könige von Persien gemacht hatte, begab er sich nach ʿIrâq, um diesen Teil Persiens in seine Gewalt zu bringen. Den ersten Stoss hatte Kirmânšâhân auszuhalten. Zwar gelang es Kerîm nicht, die Burg in seine Hand zu bringen, doch fiel ihm bei seinem raschen Anmarsche der Neffe des Mîrzâ Muḥammed Teqî, eben unser Emîn in die Hände; und nur durch Zufall gelang es diesem, sich aus der Gefangenschaft wieder zu befreien. In den nun folgenden Kämpfen Kerîms mit seinem früheren Verbündeten ʿAlîmerdân Khân sehen wir Muḥammed Teqî stets auf der Seite der Gegner Kerîms.

Eine entscheidende Niederlage ʿAlîmerdân Khâns bei Nehâvend hatte auch für Kirmânšâhan schwere Zeiten im Gefolge. Fast zwei Jahre hindurch wurde die Burg ununterbrochen von den Zend belagert. An der Spitze der heldenmütigen Verteidiger stand Muḥammed Teqî, thatkräftig unterstützt von seinem Neffen Emîn. Als endlich die Lage der Eingeschlossenen immer bedrängter wurde, entschloss man sich zur Übergabe, und Emîn wurde an der Spitze einer Gesandtschaft dieserhalb zu Kerîm geschickt.

Nach der Besetzung Kirmânšâhâns behielt Kerîm sowohl den Muḥammed Teqî wie auch dessen Neffen Emîn als Geiseln bei sich. Jedoch nach der Niederlage Kerîms durch Âzâd Khân Afghân (Malcolm, hist. of Persia II, 122—123) gelang es den beiden, sich der allgemeinen Flucht der Soldaten Kerîms zu entziehen. Sie begaben sich zu dem Sieger Âzâd Khân, und dieser schickte sie als seine Beauftragten wieder nach Kirmânšâhân. Kaum aber hatte Muḥammed Teqî hier wieder festen Fuss gefasst, als er durch einen von den Zend gedungenen Mörder getötet ward. Infolgedessen floh Emîn, ein ähnliches Schicksal befürchtend, mit seinen beiden jüngern Brüdern zunächst nach Baghdâd, und begab sich von dort, als er günstige Nachrichten von seinen in Indien lebenden Verwandten erhielt, nach Muršidâbâd. Jedoch etwa sechs Monate nach der Ankunft der drei Brüder starb der Oheim, und aus den bittern und abfälligen Bemerkungen Emins über das Betragen der Bengalen (pag. 5 u. 6 des Textes) scheint hervorzugehen, dass es den Hinterbliebenen ziemlich schlecht gegangen sei. Endlich entschloss sich Emîn auf Anregung eines seiner jüngeren Brüder, die Ereignisse in Persien vom Tode Nâdirs an bis zur gegenwärtigen Zeit in geschichtlicher Darstellung zusammenzufassen.

Diese Arbeit muss er aber nicht, wie er selbst in der Muqadimme (pag. 6 des Textes) angiebt, im Jahre 1196, sondern schon früher begonnen haben. Auf fol. 104 der Hds. sagt er nemlich bei der Darstellung der Verhältnisse in Afghânistân seit dem 1185 erfolgten Tode Aḥmed šâh's: و تا حالات تحریر که مطابق یکهزار ویکصد و نود و پنج هجریست تیمور شاه در کابل سریر فرمان فرمائی متمکن آلخ also diesen Teil seines Werkes schrieb er 1195. Ferner heisst es ganz am Schluss des Târîkh: علی مردان خان زند ... تا حالات تحریر که اوایل سنه ۱۱۹۶ هجریست در دور شیراز میباشند و صادق خان و ابو الفتح خان را با مردمان شهر در محاصره دارد. Das Werk ist hiernach beendet im Anfang 1196; und wenn der Verfasser trotzdem in der Einleitung erzählt, er habe es Mitte 1196 begonnen, so ist dieser Widerspruch auf folgende Weise zu lösen: Emîn hat die Einleitung nach Beendigung des Ganzen, also Mitte 1196 geschrieben, und dabei ist ihm dann das Versehen mit untergelaufen, dass er bei der Erzählung von der Entstehung des Planes zu dem Werke die momentan vorliegende Zeit anstatt der, sagen wir etwa ein Jahr zurückliegenden richtigen angab.

Wir gewinnen somit als Abfassungszeit des Târîkh die Jahre 1195—1196.

Was die Quellen anbetrifft, die Emîn benutzt hat, so lesen wir in der Muqaddime, zunächst, dass ein Werk über die Epoche nach Nâdirs Tode zur Zeit noch nicht vorhanden war, und ferner, dass Emîn hauptsächlich Selbsterlebtes schildern, und die übrigen Ereignisse nach mündlichen Berichten oder schriftlichen Aufzeichnungen (خطوط مردمان, was dem indischen Sprachgebrauche gemass [خط = »Brief«] wohl ausdrücklich auf briefliche Mitteilungen zu beziehen ist) zuverlässiger Gewährsleute zusammenstellen wollte. Nun lässt sich auch in der That nicht annehmen, dass ausser den Werken Mîrzâ Mehdî's um 1195 schon andere geschichtliche Darstellungen vorhanden gewesen seien; wenigstens kennen wir kein derartiges Werk. Wir können somit dem Emîn in seinen Angaben im allgemeinen Glauben schenken, doch ist zu beachten, dass er die letzten drei Capitel des Târîkh i Nâdirî des Mîrzâ Mehdî stillschweigend wörtlich abgeschrieben, und andere Berichte, die ihm vorlagen, in die Erzählung des Mehdî Khân, zum teil allerdings mit recht grossem Geschick, eingeschoben hat. Es ist in den Fussnoten zu dem veröffentlichen Text an den einzelnen Stellen darauf hingewiesen, welche Teile aus dem Werke des Mîrzâ Mehdî abgeschrieben sind, und welche aus andern Berichten, beziehungsweise aus der eigenen Anschauung des Autors stammen [1].

Diese Benutzung des Târîkh i Nâdirî geht bis zum Schluss desselben, also bis zur Darstellung der Entthronung und Ermordung Ibrâhîms.

Ehe wir nun die weiteren Quellen Emîns betrachten, müssen wir unsere Aufmerksamkeit dem Meǰmaᶜ et-Tevârîkh des Khelîl zuwenden. Das Werk ist von Pertsch, Handschriftenkatalog der Berliner Kgl. Bibliothek, pag. 425 so ausführlich besprochen, dass ich dem dort gesagten nur noch weniges hinzuzufügen habe. Der Vater des Verfassers, der älteste Sohn von Sâh Sulaimân II. war nach der Abset-

1) Zur Collationierung und zur Feststellung des Textes des Târîkh i Nâdirî habe ich folgendes hds. Material benutzt:

1) den vorzüglichen Codex Sprenger 206 (in der Kgl. Bibliothek zu Berlin) aus dem Jahre 1197 d. H.

2) eine Hds. aus dem Besitze des Herrn Dr. Andreas, aus 1237.

ferner die Tebrîzer Lithographie von 1292 (ebenfalls aus der Bibliothek des Herrn Dr. Andreas).

zung und Blendung seines Vaters von Mešhed nach Delhî gegangen, um vor den Nachstellungen seiner Feinde gesichert zu sein. Allein die Verwirrung, in der sich damals das indische Reich infolge der wiederholten Einfälle der Afghânen befand, [1]) sowie die äusserst geschwächte Stellung des damaligen Kaisers ʿÂlemgîr veranlassten ihn, Delhî bald wieder zu verlassen, und sich nach Muršidâbâd zu begeben. Hier ward er von demselben مهابتجنك, der auch des einen Verwandten des Emîn sich angenommen hatte (cf. pag. 4 des Textes) freundlich aufgenommen, und hier lebte er bis an seinen 1204 erfolgten Tod. Sein Sohn Khelîl war 1192 aus Iṣfahân nach Indien gekommen, und verfasste hier mit Benutzung des unvollendet gebliebenen Werkes eines gewissen, damals schon verstorbenen Muḥammed ʿAlî, mit dem Beinamen غافل, und schriftlicher Aufzeichnungen seines Vaters eine Geschichte Persiens seit dem Aufstande der Ghilzâi-Afghânen bis zum Zeitpunkte der Abfassung 1207 (cf. Pertsch, a. a. O.).

Liest man das Werk des Khelîl neben dem des Emîn, so macht sich für ein ziemlich umfangreiches Stück eine eigentümliche Parallelität beider Berichte bemerkbar. Um zunächst diese Thatsache und die Art der Parallelität festzustellen, setze ich eine zusammenhängende Stelle aus Khelîl hierher (fol. 108ᵇ ff. in der Berliner Hds.; cf. dazu Emîn pag. 31 des herausgegebenen Textes Zeile 8 ff.):

از استماع این خبر اللهیارخان در کمال درشتی جواب فرستاد
که ما دست از جواهرخانه و خزانه و کارخانه‌جات پادشاهی
کی خواهیم برداشت و مستعد بجدال و قتال گردیده چندنچه

1) siehe genaueres über diese Afghâneneinfälle bei Elphinstone, an account of the Kingdome of Caubul, London 1815. pag. 546 ff.

جماعت قزلباشیه بر آنها آویخته جمعیت آنهارا از هم متفرق
نمودند اللهیارخان و بقیة السیف خودرا بدروازهٔ شهر رسانیده
بیرون رفتند و آن جناب حکم انضباط و استحکام سنگرهای
اطراف و جوانب داده مستعد ومنتظر ورود سپاه افغان واوزبك
که زیاده از پنجاه هزار کس بودند شده بعد از پنج یوم
عطاخان و عطامرادخان اوزبك و شهدادخان و زلهخان (1 و
آزادخان افغان با ابراهیم شاه وارد دو فرسخی شهر گردیدند
و شخصی از اعاظم اقیان افغانرا با مراسله مودت اسلوب مصحوب
نموده نزد آن جناب بشهر فرستادند شرح مندرجه منوط بر
آنکه در این بلاد جماعت قزلباش از راه مخاصمت و عداوت و
نمك حرامی باین جانب مخالفت نمودند چنانچه جماعت افغان
و اوزبك که پیوسته با عموی ما در کمال عقیدت و بندگی
بودند الحال نیز با آن جانب آن شیوهٔ مرضیهرا مرعی میدارند
اصلح چنین است که نظر بخاندان عالیه خود کرده نزد این
جانب تشریف آورند که با هم نشسته بجهت صلاح انقلاب
عظیم و درد سقیم علاجی شافی مقرر نموده با هم تمشیت
امور سپاه و رعیت دهیم بعد از رسیدن این مراسله آن جناب
سرداران قزلباش از ترك و الوارا که در خدمت او بودند از
رسیدن مراسله و ورود رافع مطلع ساختند ۞

---

1) Die abweichenden Namen bei Emîn: سهبازخان (wohl شهباز zu lesen!) und بورله خان scheinen auf Verschreibung zurückzugehen. Eine Entscheidung über Richtigkeit der einen oder andern kann ich nicht geben, da keiner von ihnen mir in meiner, allerdings noch wenig umfangreichen, Lectüre bisher begegnet ist.

Es ist eine gewisse, zum teil auch wörtliche Übereinstimmung vorhanden, und zwar nicht nur eine solche, die sich etwa auf gemeinsame Plagiate von Phrasen aus Mîrzâ Mehdî's Târikh-i-Nâdirî zurückführen liesse; denn diese Übereinstimmungen zeigen sich auch in ganz einfachen Sätzen, und nehmen auch grössere Abschnitte ein. Ferner kommt als wichtiges Moment hinzu, dass von der Stelle ab, an der diese Parallelität einsetzt, (Emîn, pag. ۳۸, Zeile 3) bis zu dem Punkte, an dem die Übereinstimmung aufhört, sämtliche berichtete Thatsachen bei Khelîl in genau derselben Reihenfolge erzählt sind, wie bei Emîn.

Endlich ist es immerhin auffallend, dass Emîn den Mîr Sejjid Muḥammed von Anfang seines Auftretens an in den Vordergrund der Erzählung stellt, selbst zu einer Zeit, in der jener noch als einfacher Empörer gegen Ibrâhîm Sâh anzusehen war.

Suchen wir nach dem Ursprunge dieser Parallelität der Berichte, so ist zunächst an eine Benutzung von Khelîls Werk durch Emîn der zeitlichen Priorität dieses wegen nicht zu denken. Auch eine direkte Benutzung von Emîns Werk durch Khelîl möchte ich nicht annehmen. Es ist allerdings sehr auffallend, dass Khelîl, der 11 Jahre nach Emîn schrieb, und noch dazu in derselben Stadt, wie dieser, lebte, keine Kunde von dem Vorhandensein des Werkes Emîns hätte haben sollen. Doch ist wohl anzunehmen, dass Khelîl, wenn er das Werk Emîns gekannt und benutzt hätte, es auch als Quelle mit aufgeführt haben würde, wie er es mit den andern von ihm benutzten geschichtlichen Darstellungen thut. (s. Pertsch, a. a. O.) Auch scheint Emîns Werk wenig verbreitet gewesen zu sein, wofür unter anderm die Seltenheit der Handschriften spricht [1]).

---

1) Von dem Werke scheint nur die éine Berliner Hds. zu existieren. Aufser

So bleibt nur übrig, eine gemeinsame Quelle beider anzunehmen; und zwar drängt sich hier, eben wegen des starken Hervortretens des Mîr Sejjid Muḥammed, die Vermutung auf, dass besonders die Familientraditionen jenes, die Khelîl ja ausdrücklich als seine Quellen angiebt, auch von Emîn benutzt worden seien. Und zwar müssen es, wegen der vielfachen wörtlichen Uebereinstimmungen ganzer Satzgefüge schriftliche Aufzeichnungen gewesen sein. Nun lebte aber in Muršidâbâd in den Jahren 1195—96 von Nachkommen des Sulaimân nur dessen ältester Sohn Mîrzâ Dâûd mit seinen Kindern. So ergiebt sich, dass die Darstellung Emîns vom Eingreifen des Mîr Sejjid Muḥammed an bis zu dessen Absetzung und Blendung höchst wahrscheinlich auf jene, später auch von Khelîl benützten Aufzeichnungen des Mîrzâ Dâûd zurückgeht.

Möglich ist natürlich auch, dass das Werk jenes Muḥammed ʿAlî Fâẓil, den Khelîl als seinen Hauptgewährsmann anführt, (siehe oben u. Pertsch. a. a. O.) die Quelle jener auffallenden Parallelität ist. Es ist mir leider nicht möglich gewesen, über jene Fragmente etwas zu ermitteln; bis über diese oder über die Aufzeichnungen des Mîrzâ Dâûd näheres bekannt sein wird, möchte ich das oben Vorgetragene jeder andern Erklärung vorziehen.

Lediglich eine Abschrift aus dem Werke Khelîls ist der zweite Teil der Teḏkire-i-âl-i-Dâûd des Sultân Hâšim Mîrzâ, des 5. Sohnes Sulaimân's II, also Oheimes des

---

in den allgemein zugänglichen Handschriften-katalogen habe in noch bei sämtlichen Handschriftensammlungen Petersburgs, in der East India Office Library in London, und in der Bibliothek der Asiatic Society of Bengal in Calcutta Nachfrage gethan, und ich will nicht verfehlen, auch an dieser Stelle den Herren Dr. Salemann in Petersburg, Dr. Rost in London und Dr. W. Solf und Dr. Hoernle in Calcutta für ihre diesbezüglichen Mühwaltungen in meinem Interesse meinen verbindlichsten Dank auszusprechen.

Khelîl. Über das Werk ist sehr eingehend berichtet von Rieu, Catalogue of Persian Manuscripts in the British Museum vol. I, pag. 191. Der Verfasser lebte in Šîrâz und Is̱fahân unter Kerîm Khân, und vollendete sein Werk im Jahre 1218. Von diesem Werke ist mir durch die Liebenswürdigkeit des Herren Dr. W. Solf in Calcutta eine Handschrift aus der Bibliothek der Asiatic Society of Bengal zugänglich gewesen. Die Hds. besteht aus 126 foll. octav mit je 14 Zeilen in ziemlich deutlichem Šikeste-Amîz. Sie ist vollendet am 22. Ḏî qaᶜde 1227. Das Manuscript ist äusserst interessant wegen einer von späterer Hand angefügten Anmerkung über das Schicksal der Handschrift. Danach ist sie im Jahre 1227 durch Khelîl, dessen Mejmaᶜ et-Tevârîkh wir oben besprochen haben, dem Prinzen Abu'l-fatḥ Muḥammed Šâh, einem Nachkommen der S̱efevîden, der in Bengalen lebte, und sich für die Geschichte seiner Familie lebhaft interessierte, vorgelegt, von diesem durchgelesen und mit Randbemerkungen (حاشيه) versehen worden. Über diesen Prinzen, der nach unsrer Anmerkung ein Sohn des Šâh Ḥusain II., also Enkel von Ṭahmâsp II. war, finden wir eingehenderes in den Fevâid-i-S̱efevîje des Abu'l Ḥasan B. Ibrâhîm Qazvînî (siehe Rieu, Catal. Br. Mus. 1, 133 ff.). Bemerkt mag werden, dass die Fevâid-i-S̱efevîje als Quellen anführen: das Mejmaᶜ et-Tevârîkh des Khelîl, und ein von Khelîl ebenfalls als Quelle genanntes Werk eines gewissen ᶜAlî Ḥezîn (Pertsch, Catal. Berl. pag. 425/26). Der Prinz verweist nun in seinen in der Calcuttaer Handschrift an den Rand gesetzten Notizen des öfteren auf übereinstimmende Angaben der Fevâid-i-S̱efevîje, so dass ein enger Zusammenhang der drei Werke: des Mejmaᶜ et-Tevârîkh Khelîls, der Fevâid-i-S̱efevîje des Abu'l-Ḥasan und der Teḏkire-i-âl-i-Dâûd des Ḥâšim ersichtlich ist. Dass Hâšim das Werk Khelîls gekannt hat, ergiebt sich, ausser aus der wörtlichen Übereinstimmung, die ja auch auf andre Weise begründet sein könnte, mit Sicherheit aus einigen Stellen der Teḏkire-i-âl-î-Dâûd, an denen der Verfasser die Darstellung seines Neffen Khelîl kritisiert. Nun befand sich nach den Angaben Hâšims Khelîl im Jahre 1209 besuchsweise in Iṣfahân, und da Khelîls Werk schon 1208 vollendet war, so wird bei diesem Besuche Hâšim das Buch seines Neffen kennen gelernt haben.

Die Darstellung Khelîls nun reicht in ausführlicher Weise bis zur Blendung Sulaimâns II.; die darauf folgenden Vorgänge in Khorâsân berührt der Verfasser nur ganz kurz, und wendet sich alsdann den Schicksalen seiner Familie zu, um am Schlusse des Werkes noch die Geschichte Kerîm Khâns in gedrängter Übersicht darzustellen. Emîn jedoch führt seine Darstellung in derselben Ausführlichkeit weiter. Er giebt eingehende Schilderungen von den Wirren in Khorâsân, von dem Emporkommen der Afghânen unter Aḥmed, und von dessen Einfällen in Khorâsân und Indien. Für letztere standen ihm wohl besonders die Erzählungen indischer Augenzeugen zu Gebote; für die weitere Geschichte Khorâsâns wird er ähnlicher Nachrichten sich bedient haben.

Sodann wendet sich Emîn zu der Geschichte des westlichen Persiens seit Nâdirs Tode, und dieser Teil seines Werkes ist als geschichtliche Quelle von grossem Werte, weil der Autor an fast allen Ereignissen persönlich Teil genommen hat, und diese einfach, ohne jede Hervorhebung eines, wenn ich mich so ausdrücken darf, Parteistandpunktes, wieder erzählt, und weil er von den andern gleichzeitigen Ereignissen eine sehr eingehende Kunde erhielt. Zur Controle vieler Angaben, — bei weitem aber nicht aller, denn sehr vieles erzählt nur Emîn —, dient der erste

Teil des Târîkh-î-Gîtîgušâ des Mîrzâ Ṣâdiq (cf. Rieu, catalogue I, 196 ff. und Beer, Einltg. zum Târ. Zend.): und es verdient besondere Beachtung, dass die beiderseitigen Berichte sich in fast allen Zügen decken, soweit sie eben über dasselbe berichten. Eine Abweichung Emîns von Mîrzâ Ṣâdiq (dessen Bericht bei Malcolm, history of Persia II wiedergegeben ist,) ist die, dass Mîrzâ Ṣâdiq als denjenigen, der Kerîm zu seinem vollständigen Siege über Âzâdkhân im Passe von Kumârej verhilft (Malcolm II, 123—124) den Rustem Khân angiebt, während Emîn dessen Vater Muḥammed ʿAlî nennt.

Abgesehen von dieser Einzelheit stimmen die Darstellungen Emîns und Mîrzâ Ṣâdiqs im Thatsächlichen durchweg überein. Eine Abhängigkeit des letzteren von dem Werke Emîns anzunehmen, ist jedoch nicht angängig, besonders weil die Anordnung des Erzählten bei Ṣâdiq eine ganz andere ist, als bei Emîn. Man vergegenwärtige sich nur, wie persische Historiker ihnen vorliegende schriftliche Quellen im allgemeinen zu benutzen pflegen an dem oben besprochenen Beispiele Emîns betreffs des Târîkh-i-Nâdirî. Beide Werke repräsentieren eben ihre eigenen Überlieferungen; dass diese so wenig von einander abweichen, und doch von einander unabhängig sind, kann dem Geschichtsforscher nur willkommen sein, zumal da in dem einen Werke die officielle Überlieferung der Zends, in dem andern die Memoirenähnliche Erzählung eines Gegners dieser Dynastie vorliegt.

Das Târîkh-i-Gîtîgušâ [1]) ist durch das, was Beer, a. a. O. pag. 10 ff. ausführt, hinlänglich charakterisiert: eine »stilistische Aufputzung« der Berichte eines freilich nicht

---

1) Ich habe es in der Berliner Handschrift, Petermann I, 187, benutzt.

gering zu schätzenden Gewährsmannes, in der leider der »Putz« den »Bericht« fast überall so zurückdrängt, dass von letzterem nur noch wenig übrigbleibt. Gerade das Gegenstück zu dieser geistlosen Wortzusammentragung des Mîrzâ Ṣâdiq liegt in der Erzählung Emîns vor. Überall ist die Darstellung voller Leben, ja oft schildert sie rasch aufeinander folgende Handlungen mit geradezu dramatischer Kürze des Ausdruckes; bis in die kleinsten Einzelheiten hinein beschreibt Emîn die Schlachten; die Angaben über den Ort der Ereignisse wird man nie vermissen; in richtiger Weise, man möchte beinahe sagen, mit strategischem Blick, Wichtiges bedeutsam hervorhebend und Nebensächliches oberflächlich berührend schildert Emîn die militärischen Operationen. Es sei mir vergönnt an einem besonders bezeichnenden Beispiele die Verschiedenheiten, die in dieser Beziehung zwischen Mîrzâ Ṣâdiq und Emîn bestehen, zu charakterisieren.

Mîrzâ Ṣâdiq erzählt, dass Kerîm Khân den Muḥammed Ḥasan Khân Qâjâr von Nehâvend aus bis nach Asterâbâd hin verfolgt, und ihn dort belagert habe. Darauf sei er durch Hungersnot und durch mehrere Niederlagen seiner Truppen zur Flucht nach Ṭehrân gezwungen worden. So ganz ohne Eingehen auf Einzelheiten, eine rein analistische Aufzählung der Ereignisse! Wie anders Emîn! Kerîm hat die Burg von Asterâbâd lange vergeblich belagert; da lässt ihm eines Tages der eingeschlossene Muḥammed Ḥasan ankündigen, er werde am nächsten Morgen die Entscheidung in offner Feldschlacht suchen. Am folgenden Tage brechen denn auch wirklich die Qâjâren aus den Thoren der Burg hervor; aber nach kurzem Kampfe wenden sie sich zur Flucht. Das lockt die kampfbegierigen Zends aus ihren Verschanzungen hervor zu eifriger Verfolgung, und als die Belagerungswerke der Zeuds nunmehr ihrer Verteidiger völlig entblösst sind, bemächtigen sich Turkmânen, die von Muḥammed Ḥasan zu Hilfe gerufen waren, der Verschanzungen; das Heer Kerîms ist nun ringsum eingeschlossen, denn auch die fliehenden Qâjâren schreiten jetzt wiederum zum Angriff; ein furchtbares Gemetzel beginnt, und mit knapper Not entkommt Kerîm, nur von fünf Reitern begleitet, nach Ṭehrân. Diese Ausführlichkeit und Anschaulichkeit der Darstellung macht das Werk Emîns zu einer historischen Quelle ersten Ranges; in dieser Hinsicht wird er von kaum einem andern modern-persischen Geschichtswerke übertroffen. Trotzdem der Verfasser auf der Seite der Gegner Kerîms steht, hat er doch warme Anerkennung für die ausserordentliche persönliche Tapferkeit Kerîms, und schreibt dieser den schliesslichen Erfolg Kerîms in mehr als einer zweifelhaften Schlacht zu. Es berührt den Leser bei dem durchaus servilen Charakter der neueren persischen Geschichtsschreibung ausserordentlich wohlthuend, hier einmal einem Werke gegenüber zu stehen, dass von jenem Übel absolut frei ist.

Naturgemäss tritt der soeben geschilderte Charakter des Târîkh erst im zweiten Teile desselben deutlich hervor, da im ersten verhältnismässig wenig aus der Anschauung des Autors stammendes enthalten ist; doch ist auch in diesem ersten Teile, wie oben ausgeführt, der Quellenwert des Târîkh ein sehr hoher.

Von Berichten europäischer Reisender über die uns beschäftigende Zeit dürften zu nennen sein: zunächst Hanway, dann Franklin, Niebuhr und Olivier, sowie für die Geschichte Afghânistâns: Elphinstone. Ihre Darstellungen bieten uns wenig Neues; abgesehen natürlich von Hanway, der aber mehr für eine frühere Zeit wichtig ist; zur Controle im Einzelnen sind ihre Werke indess gut zu benutzen.

Was nun Diction und Stil des vorliegenden Werkes betrifft, so kann ich mich bei der Besprechung derselben sehr kurz fassen, indem ich auf die scharfsinnigen und feinen diesbezüglichen Bemerkungen Beers (Târîkh-i-Zendîje, pag. 18 ff. der Einleitung) verweise, die ihre Anwendung auch auf unser Târîkh finden.

Wir haben in dem Werke Emîns eine verhältnismässig schlichte Erzählung, die oft durch kurz auf einander folgende Wiederholungen eines und desselben Ausdruckes geradezu nachlässig erscheint. Natürlich ist auch hier die Darstellung häufig mit Phrasen aus Mîrzâ Mehdî's Târîkh-i-Nâdirî aufgeputzt, was bei dem durch Beer, a. a. O. pag. 6 gebührend hervorgehobenem Einflusse jenes Werkes nicht eben wunderbar ist. Einen schwerfälligen Eindruck macht die Redeweise Emîns, wenn er, wie zum Beispiel in der Muqaddimeh (pag. 1—8) sich bemüht, die Worte möglichst kunstvoll zu wählen und zu setzen. Auch für alle jene von Beer angeführten einzelnen Besonderheiten des Ausdruckes finden sich in unserm Târîkh Beispiele.

Der Plural auf ها... wird zwar noch nicht allgemein durchgeführt, aber Formen wie پیشخدمتها (pag. ٢٧) finden sich doch recht häufig. Höchst auffallend ist der schon von Teuffel (Z. D. M. G. 38, 247) angemerkte und auf indischen Einfluss [1]) zurückgeführte Gebrauch von

---

1) Für den indischen Ursprung dieser Neubildung spricht noch folgender Umstand. Bei Khelîl heisst es an einer Stelle: توقع از شماها این است. Die entsprechende, im übrigen wörtlich abgeschriebene Stelle bei Hâšim hat aber nicht شماها sondern das einfache شما. Das شماها des in Indien heimischen Khelîl, in dessen Stil überhaupt vieles vom echten persischen Sprachgebrauche abweichende sich findet, muss also dem Hâšim, der nie in Indien gewesen, anstössig erschienen sein, so dass er es beim Abschreiben durch die gewöhnliche persische Form ersetzte.

خودها für خود (also mit Bezug auf das Subjekt des Satzes, wenn dies im Plural steht): ich habe als Beispiel notiert: از ملاقات خودها مسرور میفرمودند auf pag. ٥ und ferner tritt dies خودها als selbstständiges Subjekt auf in pag. ٢٠, Zeile 13 خودها . . . کردند.

Bei arabischen Infinitiven transitiver Verba steht, selbst wenn sie substantivisch gebraucht, z. B. von einer Präposition abhängig gemacht sind, bisweilen das Objekt des Verbalbegriffes mit را, also im Accusativ: pag. 9: بسبب شرکت در خلع شاهرخرا. Auch pag. ٢٩ Zeile 1 möchte ich das را hinter Suhrâb Khân lieber als zu jenem Namen gehörig fassen, als es als nota objecti der ganzen Satzes zu dem vorangehenden خبر zu ziehen. An demselben Satze zeigt sich noch eine andere Eigentümlichkeit. Häufig, besonders wenn der Satz ein sehr langes Objekt hat, wird dieses dem kürzeren Subjekt vorangestellt. Als Einzelheit verdient angeführt zu werden, dass Emîn stets die Form جماعه (als mit ه.. auslautend erwiesen durch das öfters darüber gesetzte ء vor einem zugehörigen Genitiv als Zeichen der Izâfe) gebraucht. Der jetzige Sprachgebrauch hat nur die Form mit ت: جماعت.

Einen Punkt will ich noch einmal berühren, der zu den auffallendsten Erscheinungen der Ausdrucksweise sowohl bei Emîn wie auch im Târîkh-i-Zendîje gehört: ich meine die Auslassung der Hilfsverba und der Copula, resp. des verbi finiti nach Participien. Auch bei Emîn finden wir auf Schritt und Tritt Beispiele dieser Nachlässigkeit des Ausdruckes. Bei Mîrzâ Mehdî ist diese Erscheinung nicht nachzuweisen; und der heutige Stil in guter Prosa, z. B. im Mîrât el-buldân und im Rûznâme-i-ḥâkim-elmemâlik (cf. Beer, a. a. O. pag. 18) zeigt ebenfalls keine Spur davon.

Dagegen habe ich in dem Sefâret-nâme-i-Khvârezm des Riẓâ Qulî Khân (ed. Schefer, Paris 1876) eine ähnliche Nachlässigkeit des Ausdruckes bemerkt. Auf pag. 24. Zeile 1 heisst es dort: چون مادر شاه عبّاس صفوی از اهل مازندران بوده شاه در آبادی آنجا جهد نموده الخ ohne das zu erwartende است; und so finden sich viele ähnliche Sätze, meist allerdings in der oratio obliqua, aber auch in der oratio recta: pag. 27, Zeile 7—8. Über diese Auslassung des است oder بود nach Participien hinaus erstreckt sich bei Riẓâ Qulî der Sprachgebrauch nicht, im Târîkh-i-Zendîje jedoch, ebenso wie in dem uns beschäftigende Werke Emîns fallen auch die andern Verba finita fort, wie ساخت گردید کرد فرمود نمود (Beer, a. a. O. p. 21).

Eine Erklärung für diese Eigentümlichkeit im Ausdrucke lässt sich schwer geben; mir scheint sie lediglich eine schlechte Nachahmung der langen Perioden und Satzgefüge Mîrzâ Mehdî's zu sein, der auch Participia auf Participia, die durch و verknüpft sind, häuft, und schliesslich allen diesen durch ein auf alle passendes Verbum finitum ihren Abschluss giebt. Seine Epigonen haben nun, jene langathmigen Satzgefüge für eine besondere Zierde der Diction haltend, diese nachgeahmt; aber dabei aus Nachlässigkeit, oder auch, weil sie ihr Vorbild nicht richtig verstanden, jenes erlösende Verbum finitum fortgelassen.

Die Entlehnungen türkischer Wörter sind bei Emîn noch nicht sehr umfangreich. Sie beschränken sich meist auf termini technici aus dem Gebiete der Militär- und Staatswesens. Als Einzelheit erwähne ich, dass Emîn für: Gepäck, Bagage, Lager, Train, das Wart اغراق gebraucht, welches Pavet de Courteille als اغروق und Zenker unter اوغرق mit vielen orthographischen Varianten angiebt; Mîrzâ

Mehdî und ʿAlî Rizâ im Târîkh-i-Zendîje gebrauchen ebenfalls اغروق, dagegen Mîrzâ Ṣâdiq اغراق und endlich Rizâ Qulî Khân braucht im Rôẓet es-Ṣefâ-i-Nâṣirî beide Formen durch einander je nach dem ihm nötigen Reimklang; z. B.: با اصدقات و اغراقات (Sefâretnâme-i-Khvârezm pag. 56) und بنه و اغروق و مفارش و صندوق (Rôẓet es-Ṣefâ Bd. IX p. 27). Es scheinen hier wohl dialektisch verschiedene Formen vorzuliegen; doch habe ich اغراق lexikalisch nicht nachweisen können [1]).

Dass wir bei Emîn Hindûstânî Wörter finden, wie z. B. چوکی, a guard kann uns nicht auffallen, wenn wir daran denken, dass der Verfasser etwa 25 Jahre lang in Indien lebte.

Ich habe nun noch einige wenige Bemerkungen zur Charakteristik der zu Grunde gelegten Handschrift zu machen, der einzigen, die von diesem Werke sich in Europa zu befinden scheint. (Vgl.: Pertsch, Handschriften catalog p. 428—29). Sie ist nicht datiert, entbehrt überhaupt des Colophons, so dass sich ihre Herkunft mit Sicherheit nicht bestimmen lässt; doch scheint der Taʿliq-Ductus der Schriftzüge auf indischen Ursprung zu deuten. Schreibfehler sind verhältnismässig selten: ض findet sich öfters für ظ besonders in dem Worte محافظت. Auch das او در رکاب auf pag. ٣٣, Zeile 1 mit Bezug auf das Subjekt desselben Satzes (also für در رکاب خود) möchte ich eben seiner Ungeheuerlichkeit halber lieber für einen lapsus calami des Abschreibers halten. Ob aber das ماتحتیاج auf pag. ٣٢, Zeile 20 dem Abschreiber zur Last fällt, wird in hohem Grade unwahrscheinlich, da dieselbe Unform sich noch an zwei

---

1) بنه و اغروق finde ich noch in: „Vaqâiʿ ve sevânih-i-Afghânistân" des gelehrten Prinzen ʿAlî Qulî Mîrzâ Iʿtiṣâd es-seltene. (lithogr. Ṭehrân 1273).

andern Stellen der Handschrift findet. Es könnte von einem des arabischen nicht besonders kundigen in Anlehnung an den jedenfalls geläufigeren Maṣdar اختياج gebildet sein. Sonst wäre noch über die Handschrift selber nachzutragen, dass die foll. 219ᵃ bis incl. 256ᵇ nicht wie die andern Blätter mit 13, sondern mit 15 Zeilen beschrieben sind.

Zum Schlusse liegt mir nun noch die angenehme Pflicht ob, allen denen, die mir bei der Abfassung vorliegender Arbeit ihre Hilfe haben angedeihen lassen, meinen Dank auszusprechen. Vor allen gebührt mein wärmster Dank meinem hochverehrten Lehrer Herrn Dr. Andreas, der stets bereit war, mir mit Rat und That beizustehen. Ich danke ferner ergebenst Herrn Professor Dr. Th. Nöldeke, der diese Arbeit freundlichst durchgesehen, und viel zur Abrundung derselben beigetragen hat.

Schliesslich fühle ich mich auch den Verwaltungen der Kgl. Bibliothek zu Berlin, sowie der der Asiatic Society of Bengal zu Danke verpflichtet für die Bereitwilligkeit, mit der sie mir ihre Manuscripte zur Benutzung überliessen.

Ebenso den Herren E. J. Brill, die den Druck vorliegender Arbeit in liberalster Weise übernommen, und so vorzüglich ausgeführt haben.

Berlin, im Januar 1891. OSKAR MANN.

INDICES.

A. Verzeichnis der im Târîkh (fasc. I) vorkommenden Personennamen.

---

1) Ueber die جزایری cf. Kaempfer, Amoenitat. exotic. pag. 74. u. 80—81.

2) Regiert von 1747—1773 (†).

3) Sowohl Emin, als auch Khelîl schreiben diesen Namen stets محراب. Besser ist مهراب zu lesen.

بابا بیک .. کوسه احمدلوی افشار .. ۳

بابا علی بیک .. حاکم ابیورد .. [1] ۱۶, ۱۸

برزو بیک .. مین باشی غلامان شاهرخ .. ۴۶, ۴۷

بکندی بیک .. افشار .. ۶۷

بکنج خان .. یموت .. ۳۶

بورله خان (؟) .. ۴۱ [2]

بهبود خان .. اتکی (تاتار مروی) .. ۵۱—۵۴, ۵۹—۶۱, ۶۹, ۷۱

تقی خان .. شیرازی .. ۱۰

تیمور خان .. ۵۹—۶۱ [3]

جعفر خان .. کرد .. ۵۴, ۶۵

جعفر خان .. ولد ملک محمود [4] خان .. ۶۱

حاجی سیف الدین خان .. ۶۵

حاسم خان .. ۶۷ [5]

حسن علی بیک .. معیّر الممالک .. ۱۶, ۲۵, ۳۰

حسن میرزا .. ۵۶ [6]

حسین خان .. قرای .. ۶۲

حسین خان .. کرد قرامانلو .. ۶۵

حسین میرزا ۳۶, ۵۶ [7]

حیدر خان .. افشار حاکم شیروان ۱۱

درویش علی خان .. هزاره .. ۶۰

دوست محمّد .. چهچه .. ۲۴

رضا قلی میرزا .. ۱۰, ۲۴ [8]

زال خان .. برادر یوسف علی خان جلایر .. ۶۶, ۶۸

---

1) Nach dem Târîkh-i-Nâdirî der Schwiegervater Nâdir Šâh's.

2) Wenn türkisch, vielleicht تورله (= طورلاق) zu lesen; oder etwa نورالله?

3) Sohn Aḥmed Šâh's, reg. von 1773—1791/92. Elphinstone und nach ihm alle englischen Historiker geben 1793 als sein Todesjahr an. Aber der Prinz ʿAlî Qulî Mîrzâ Iʿtiżâd es-Selṭene in: „Vaqâiʿ ve sevâniḥ-i-Afghânistân“ giebt 1206 d. II. (beg. 31. VIII. 91) an; und der Târîkh auf den Tod Teimûrs (تیمور شاه مرد = 1206) erweist die Richtigkeit dieser letzteren Angabe.

4) Gleich dem vorhergehenden?

5) So die Hds. Wohl zu lesen هاشم.

6) Bruder des ʿAlî Šâh.

7) Bruder des ʿAlî Šâh.

8) Der älteste Sohn Nâdirs.

سرو خان .. برادر امیر اصلان خان .. ۳۵
سام میرزا ۱۱ [1]
سرخای لزگی ۱۱ [2]
سعادت قلی خان .. ۴۹, ۵۶
سلطان داود میرزا ۵۸ [3]
سلطان علی شاه = علی قلی خان
سلیم خان قوتولوی افشار .. ۴۵
سهباز خان .. ۴۱ [4]
سهراب خان .. غلام علی قلی خان ۲۲, ۲۵, ۲۹, ۳۰
سیّد صدر الدین خان ۴
سیّد محمّد خان ۴, ۶
شاه رخ میرزا ۲۴ ff.
شاه سلطان حسین صفوی .. ۲۴
شاه سلیمان الثانی = میر سیّد محمّد
شاه سلیمان صفوی .. ۴۵
شاهین خان .. افغان .. ۴۰, ۴۱
شجاع الدوله بهادر .. ۴
صادق خان قراعی .. ۶۰
صالح خان .. بیات که بیگلربگی فارس است .. ۶۵
صفی قلی خان .. قرقلو .. ۵۹
طهماسپ خان .. جلایر سردار کابل .. ۱۲
عبد العلی خان .. ۳۲
عبد الله خان .. ۳۸
عتاب خان .. تایمنی .. ۶۰ [5]
عطا خان .. اوزبک .. ۴۱
عطا مراد خان .. ۴۱
علی بن موسی الرضا .. ۴۵, ۴۹ [6]
علی قلی خان .. برادرزادهٔ نادر شاه .. ۱۲, ۱۳, ۲۰—۳۸, ۴۵, ۴۶, ۵۵ [7]

---

1) Prätendent in Tebrîz.

2) Der Khân der Kâzikumuchen. Ueber ihn vgl. Klaproth, Reise in den Kaukasus u. nach Georgien I, 347 ff.

3) Altester Sohn Sulaimâns II.

4) Wohl in شهباز zu emendieren.

5) Der Name lautet wohl عَتّاب.

6) Der achte Imâm. Sein Grab in Mešhed ist einer der Hauptwallfahrtsorte der Šî'a.

7) Später: علی شاه ملقّب بعادل شاه, auch سلطان علی شاه genannt.

علی یار خان .. چوله .. ۶۷

فتح علی خان .. قاجار .. ۲۷, ۳۶ [1]

فتح علی خان .. ۴۹ [2]

فریدون خان .. غلام سردار حاصّهٔ شریفهٔ شاهرخی .. ۴۱

فریدون خان .. نایب قوالر اقاسی .. ۶۷ [3]

قوجه بیك .. ۱۵ [4]

قوجه خان .. حاکم دزفول و دورق .. ۳

قربان علی .. خویش دوست محمّد .. ۲۴

قربان علی خان .. قرقلوی افشار .. ۶۷

کاظم خان .. قراچه داغی .. ۳۵

کاظم میرزا .. برادر علی قلی خان .. ۲۴

کرم خان .. افغان .. ۵, ۵۶

کریم خان .. ترترلو .. ۶۷

کلب علی خان .. دوسه احمدلوی افشار .. ۱۱

لطف علی خان .. ولد بابا بیك کوسه احمدلوی افشار .. ۳

محبّ علی خان .. ۴۹

محمّد بیك .. قجار افشار .. ۱۹

محمّد خان .. قجار ایروانی .. ۱۵ [5]

محمّد خان .. افشار .. ۲۱—۳۱

محمّد حسن خان .. ۲۶—۲۸, ۵۸ [6]

محمّد حسن خان .. خافی .. ۴۹

محمّد حسین خان .. قرایی ۴۹

محمّد حسین خان کرد قراماللو .. ۶۵

محمّد حسین خان .. ۱۶—۱۹

محمّد رضا خان .. قراچورلو .. ۳۶, ۵۲, ۶۲

1) Vater des Muḥammed Ḥasan Khân, der Stammvater der zur Zeit regierenden Qâjâren-Dynastie. † 1139 d. H. (beg. 29. VIII. 1726.)

2) Vater eines محبّ علی خان.

3) Gleich dem vorhergehenden? Es ist wohl zu lesen: قوللر = Qullar-aqâsi; cf. Kaempfer, a. a. O. pag. 71—72.

4) Einer der Mörder Nâdir's.

5) Einer der Mörder Nâdir's.

6) Ältester Sohn des Feth ʿAli Khân Qâjâr. † 1172 d. H. (beg. 4. IX. 1758.)

---

1) Erwähnt von Hanway, vol. II, 434: Saleh Beg, colonel of the body guard of Afshars».
2) Mörder Nâdirs.
3) Mörder Nâdirs
4) Indischer Grosser.
5) Vater Sulaimâns II.
6) Sollte vielleicht فیز (für فیض) zu lesen sein?

B. Geographischer Index.

Das Material zu diesem Index ist im wesentlichen aus denselben Reisewerken zusammengetragen, die bei Beer, Târîkh-i-Zendîje benützt sind; andere dort nicht angegebene Quellen habe ich unten genauer citiert. Besonders habe ich die vielfach sehr wichtigen Einzeluntersuchungen aus den neueren Jahrgängen des Journal und der Proceedings der Royal Geographical Society mit herangezogen; manches fand sich auch in dem »Rûznâme-i-ḥakîm el-memâlik« des ʿAlî Neqî Ibn-i-Ismaʿîl (siehe Beer, Einltg. pag. 18) und vor allem im: »Mirât el-buldân« des Muḥammed Ḥasan Khân. (ebenda.)

Abdâlî ٥٩, ٣١ .. ابدالی

Einer der vier Hauptstämme der Afghânen; von Aḥmed Šâh, der aus ihm (spec. aus der Unterabteilung der Sadôzâî) hervorging, Durrâni genannt. Siehe unter افغان.

Abîverd ١٩, ١٧, ١٥ .. ابیورد

Stadt in Khurâsân, an der Grenze nach Merv hin.

Atek ٥٢, ٥١ .. اتك

Der Abhang (türk: اتك = دامن کوه) zwischen Gebirge und Wüste an der Nordostgrenze Persiens wird mit diesem Namen bezeichnet; nach M. P. M. Lessar (P. R. G. S. 1883 p. 1) heisst der westliche Teil dieses Gebietes Akhál, und der östliche Arakaǰ (türk: آرقاج = Abhang, Fuss eines Berges) und erstreckt sich das Ganze von der russischen Grenze bis Sarakhs.

Âḏerbâijân ff. ۳۹ .. آذربايجان

اروميه .. ١٥

Urûmîeh, Stadt in Âḏerbâijân, westlich von dem nach ihr benannten See. Die arabische Form des Namens ist Urmija; die einheimische scheint Urmî zu sein. Der Mirât el-buld. I, ۲۲ schreibt ارمية.

ارض اقدس .. ۲۴, ۲۵, ۳۷ آلخ

Erẓ-i-aqdes = Mešhed in Khurâsân.

ارمنى .. ۱۲

Armenier (in Julfâ bei Isfahân).

استرآباد .. ۱۱, ۵۸

Asterâbâd, Stadt an der Südostecke des Kaspischen Meeres, cf. Beer, Index zum Târ. Zend. pag. IX.

Isfahân اصفهان .. ۱۲, ۱۸ آلخ

افشار .. ۳, ۱۱, ۱۵, ۱۹, ۱۹, ۲۹, ۳۰, ۳۸, ۵۴, ۵۸, ۲۷

Die Afšâren sind einer der sieben Stämme der Qyzylbâš. Sie zerfallen nach Jouanin bei Dupré II, 456 in die Hauptabteilungen der Kasemlû und Erešlû. Dupré giebt a. a. O. 18 ihrer Unterabteilungen an. Dazu kommen noch aus unserm Târîkh: ايرلو wohl gleich den Yeherlû bei Dupré; احمدلو كوسه; كوندزلو; قرقلو und قوتولو. Aus dem Mirât el-Buldân habe ich ferner noch gelegentlich notiert: افشار تكلو und افشار اينانلو (II, pag. ۱۶۸), افشار بكشلو (II, pag. ۷۲).

افغان .. ۱۳ ff.

Die Afghânen zerfallen in die 4 Hauptabteilungen der: 1.) Berdurrâni 2.) Abdâlî-Durrâni (s. d.) 3.) Ghilzai (s. d.) 4.) Kâker. Sehr eingehende Angaben über diese Stämme, ihre vielen Unterabteilungen und über ihre

Wohnsitze findet man bei Elphinstone, account of Caubul (London 1815), und Bellew, the races of Afghanistan; Calcutta 1880. Wertvolles Material auch bei R. C. Temple im Journal Asiat. Soc. Bengal 49 (1880) pars I. pag. 92 ff. Eine Uebersicht über die einzelnen Stämme findet sich auch bei ʿAlî Qulî Mîrzâ: Vaqâʿi u. va sevâniḥ-i-Afghânistân pag. ١٦ u. ١٧; sowie in der »Histoire de l'Asie Centrale« trad. par Schefer; in der letzteren besonders interessante Einzelheiten über die Stammesheroen und ihre mythische Geschichte.

امواله .. ۴

Ambâla, Ort im Penǰâb; cf. Hunter, Imperial Gazetteer of India (1885) I, 213.

اوزبك .. ١۴ ff.

Özbek; türkischer Volksstamm, ausführlich behandelt von: Wenjukow, die russisch-asiatischen Grenzlande (deutsch von Krahmer), pag. 364 ff. Genaue Literaturangaben daselbst pag. 366. Anm., 391—92, 446—48.

ايرلوى افشار .. ١٥

Ejerlûi-Afšâr, siehe unter Afšâr.

ايروان .. ١٥

Erivân, Stadt in Armenien.

بختيارى .. ٢٢, ٣٦

Bakhtîârî, sehr zahlreicher und mächtiger Lurstamm in Westpersien. Über ihre Stammesverhältnisse und Wohnsitze haben erschöpfend gehandelt: Rawlinson und Layard im J. R. G. S. IX und XVI.

Baghdâd بغداد .. ۴

بنادر .. ١٠

Benâdir (plural von بندر) »die Häfen«; gemeint

ist der hauptsächlich von Arabern bewohnte Küstenstrich von Fârs.

بنگاله .. ۳, ۴, ۷

Bengalen, die östlichste Provinz Vorder-Indiens.

بيات .. ۵۴, ۵۸, ٦٥

Bejât, ein türkischer Stamm. Die Bejât kamen mit Čingiz Khân nach Klein-Asien, wurden von Teîmûr nach Baghdâd überführt, und von Šâh Ṭahmâsp nach Persien verpflanzt, zum teil nach Souǰ-Bulâk (bei Ṭehrân), zum teil nach Ešref in Mâzenderân. Von ʿAbbâs II. wurde dann ein Teil in Khurâsân angesiedelt. (Malcolm, history of Persia II, 219 Anmerkg.) Sie teilen sich nach Jouannin (bei Dupré II, 460) in Aq-Bejât und Qara-Bejât. Jetzt sitzen sie hauptsächlich in Âd̲erbâiǰân, bei Ṭehrân, um Nîšâpûr und in Fârs. cf. Napier, diary (J. R. G. S. XLVI. pag. 100) und Haussknechts Karte.

Auch in Zerend finden sie sich: Mirât el-buldân II, appendix IV.

Tâtâren. تاتار .. ۵۲, ۵۴, ٦۰

تايمنى .. ٦۰

Tâîmunî, einer der 6 Stämme der Čehâr-Aimâq. cf. Khanikoff, Partie méridion. de l'Asie centrale, pag. 374. Elphinstone, account of Caubul, und neuerdings Stewart in P. R. G. S. 1886, p. 148. Es gehören zu den Čehâr-Aimâq: Tâîmunî, J̌emšîdî, Fîrûzkûhî, Teîmûrî, Hezâre und Qypčâq.

تبريز .. ۱۱, ۲۹, ۳۳, ۳۵, ۳۷, ۳۸, ۴٦

Tebrîz, Hauptstadt von Âd̲erbâiǰân

ترترلو .. ٦٧

Terterlû? Über diesen Stammesnamen habe ich nichts ermitteln können. Khelîl hat an der entsprechenden Stelle بربر, womit event. die Berberî im nördl. Afghânistân gemeint sein könnten. Über sie siehe: Schefer, Ambassade au Khwarezm, Trad. franç. pag. 27, Anmkg. und, von ihm citiert: Dorn, Caspia (Petersburg 1875) pag. 79—80 (nach Bode.)

ترکمان .. ١١, ١٣

Über die Türkmenen vergleiche man besonders Wenjukow, die russ. asiat. Grenzlande, und Melgunof, die südl. Ufer des kasp. Meeres, pag. 86 ff.

جلایر .. ١٢, ٦٦, ٦٨

J̌elâjir, ein in Khurâsân ansässiger türkischer Stamm, Unterabteilung der Gerailî. Er wird von Rašîd eddîn unter den türkischen Völkerschaften erwähnt, die man jetzt Mongolen nennt. cf. Erdmann, vollständ. Übersicht der ältesten türkischen, tatarischen u. mongolischen Völkerstämme nach Rašîd ed-dîns Vorgange bearbeitet, pag. 11, 23 ff. siehe auch Napier, J. R. G. S. XLVI pag. 100.

چوله .. ٥٨, ٦٧

Cûle; dieser Name ist identisch mit dem des türkischen Stammes Choolâee, den Sheil, pag. 400 unter den an der Grenze (سرحدّات) von Khurâsân, unweit Mešhed zeltenden Stämmen aufführt. Er zählt nach Sheil 2000 Häuser und Zelte.

چهار باغ .. ٥٥, ٦٨, ٦٩, ٧٠

Cehâr-bâgh in Mešhed, der alte von den Nachkommen des تیمور کورکانی erbaute Palast. Ein ausführlicher Artikel über ihn steht im Mirât el-buldân, tom. IV, pag. ٣٣.

چهچه .. ٢٤

Cehčeh, Bulûk in Khurâsân, zum grössten Teil von Teîmûrî's bewohnt; siehe Mirât el-buldân IV pag. ٣.. Nach dem Rûznâme-i-ḥakîm el-memâlik ist es ein Bulûk von Râdkân (pag. ٢٠٦).

der Amû derjâ (Oxus). جَيْحُون .. ٣

Hejât i-Sâdemân. حيات شادمان .. ٥٢

Ortschaft in Transoxanien. Es wird erwähnt bei Jâqût III, 228 u. 229 als شاذوان; gewöhnlich heisst der Ort حصار شادمان, cf. Riẓâ Qulî, Sefâret nâme-i-Khârezm, pag. ١٠٦ des persischen Textes (ed. Schefer, Paris 1876) und Tomaschek, Sogdiana (Sitzungsber. der Wiener Akad., phil.-hist. Kl. Bd. 87 pag. 105.). Es liegt südlich von Bukhârâ am Kem-rûd.

خاف .. ٤٩

Khâf, Stadt in Khurâsân, westlich von Herât. Die arabischen Geographen (Jâqût und Maqdisî) haben خَوَاف. Besucht von Forster und anderen (cf. Khanikoff, mémoire sur la partie méridionale de l'Asie centrale, pag. 8) zuletzt von Stewart, cf. P. R. G. S. 1886 pag. 137.

خبوشان .. ١٣, ١٥, ٣٦

Khebûšân, Stadt in Khurâsân; cf. Beer, Index zum Târ. Zend.

خراسان .. ٣, ١٢—٧١

Khurâsân, die östlichste Provinz Persien's.

خزيمه .. ٥٤, ٥٨, ٦٠

Khuzeime, Araberstamm in Khurâsân, speciell in

dem Kûhistân genannten Teile dieser Provinz. cf. Wüstenfeld, Genealog. Tabellen der Araberstämme, u. Schefer, Histoire de l'Asie centrale par Abdoul Kerîm al Bokhârî, Trad. franç. pag. 18.

خلج (جماعهٔ خلجيه) .. ۴۶

Khalač, ein türkischer Stamm, jetzt in und um Sâve zeltend; siehe Hausskuechts Karte. Die Gegend um Sâve führt den Namen: Khalajistân; cf. Abbot im J. R. G. S. XXV. pag. 2: Sâve, Zerend und Kherekân hätten die »general designation« Khalejistân. Aus diesem Stamme ist die Khaljî-Dynastie der Könige von Delhi (687—721 d. H. = 1288—1321) hervorgegangen. Der erste König derselben ist J̌alâl-ed-Dîn Fîrûzšâh.

Der Name kommt vor bei Iṣṭakhrî ۲۴۵ und dann bei Rašîd ed-dîn (قلج, Qalaj); cf. Erdmann, Übersicht etc. pag. 11, 16 ff.

خلخال .. ۱۵

Khelkhâl, District in Âḏerbâîǰân, südlich von Ardebîl, an der Grenze nach Gîlân hin.

خوارزم .. ۱۰

Khârezm — die Oase Khîva.

داغستان .. ۱۰

Dâghistân, der nördl. Abhang des östl. Kaukasus.

درّانى .. ۴۳, ۷۱

Durrânî. Eine Hauptabteilung der Afghânen, früher ابدالى genannt. Siehe unter افغان.

درياى امويه .. ۵۲

Derjâ-i-Amûje, der Oxus.

دزفول .. ۳

Dizfûl, Stadt in ʿArabistân. Eine ausführliche Beschreibung des Districtes und der Lage etc. der Stadt, die am Âb-i-Diz liegt, giebt Layard in seinem Aufsatz: Description of the province Khuzistân; im J. R. G. S. XVI. pag. 2 ff. Cf. auch Schindler, in der Zeitschr. d. Gesellschaft für Erdkunde XIV. pag. 96—97.

دشت قپچاق .. ۲۶—۲۷

Dešt-i-Qypčâq, ursprgl. das Land zwischen Ural, Wolga und Don; im Târîkh ist der Ausdruck ungenau auf das Gebiet der Türkmenen zwischen dem Caspischen Meere und dem Oxus angewendet.

دورق .. ۳

Dôraq, auch Dôraqistân, District in ʿArabistân. Die jetzige Hauptstadt ist Fellâhîje. Siehe Rawlinson und Layard im J. R. G. S. IX und XVI. Cf. auch: The Persian Golf Pilot, II. ed. pag. 284.

دهلی .. ۴

Dehlî, Delhî که بشاه‌جهان‌آباد مشهوراست die bekannte Hauptstadt des Moghulreiches in Indien, Šâh Jehânâbâd genannt, weil sie vom Kaiser Šâh Jehân nach einer Zerstörung wieder aufgebaut wurde. Hunter, The Imperial-Gazetteer of India, Sec. Ed. (1885) vol. VI pag. 186 ff. 193.

رادکان .. ۶۲

Râdkân, Stadt und District in Khurâsân, 10 Farsakh von Mešhed. Der Bulûk wird hauptsächlich von کیوانلو Kurden bewohnt, die Stadt selbst hat etwa 1000 Familien (خانوار); cf. Rûznâme-i-ḥakîm el-memâlik pag. ۳۰۷ ff.

Noch jetzt ist die Umgegend von Râdkân wegen ihres Reichtums an jagdbarem Wild bekannt; a. a. O. pag. ۳۰۸.

Rûm, das türkische Reich. روم .. ۴, ۲۳, ۲۹

زنجان .. ۳۳

Zenjân, Hauptstadt der Provinz Khamse: خمسه. Dupré II, 212 giebt eine Beschreibung der Stadt.

ساوه .. ۴۴

Sâve, Provinz und Stadt südwestlich von Ṭehrân. Die Provinz Sâve wird jetzt meist mit dem benachbarten Zerend vereinigt.

سدوزه .. ۵۸

Sadôze (Sadôzâî), Unterabteilung der Popalzâî; die Popalzâî sind eine Unterabteilung der Zîrek, und diese der Durrânî-Afghânen. Aus dem Familienverbande der Sadôzâî stammte Aḥmed.

سرخه .. ۳۹

Surkhe, Bulûk und Dorf in der Provinz Semnân; östlich von Ṭehrân, zwischen Semnân und Lâsǰird. Vgl. das Rûznâme-i-ḥakîm el-memâlik pag. ۴v. Das Dorf hat hiernach 400 Haushaltungen (خانوار) Einwohner, und ist wegen seiner Kürbiszucht berühmt.

سلطانيه .. ۳۳

Sulṭânîje; Stadt in Khamse, südöstlich von Zenjân. Dupré II, 208 ff. Beer, Ind. Târ. Zend.

سمنان .. ۳۹

Semnân, District mit gleichnamiger Hauptstadt in Khurâsân, angrenzend an Khâr. Khanikoff, mémoire pag. 75—76.

سيستان .. ۱۲, ۱۳

Sîstân, das alte Sakastane, Provinz südlich von Khurâsân. Hauptstadt jetzt: Sekûhe.

سیلسپر .. ۶۷

Sîlsepur, ein Lekstamm, in der Nähe von Ṭehrân zeltend. Er wird erwähnt von Sheil, glimpses etc. pag. 397 unter den Stämmen von Ṭehrân (Sylsepoor.) Siehe auch: H. Brugsch, Reise der kgl. preuss. Gesandtschaft nach Persien I, 286 (Selsepûr: im Lâr-Thale). Bd. II, 476 werden sie fälschlich Siasepur genannt.

شام‌بیاتی .. ۲۶, ۲۸

Sâm-bejâtî, Unterabteilung der Qâjâren. Siehe: Beer, Ind. Târ. Zend. unter قاجار.

شیروان .. ۱۱

Sîrvân, Stadt in Khurâsân. Nach Napier (pag. 98–100) von Gerâilî-Türken bewohnt.

Sîrâz شیراز .. ۱۰

Ṭehrân طهران .. ۳۳

عراق .. ۳, ۲۵—۶۹

ʿIrâq; die Hauptstadt der persischen Provinz ʿIrâq ist Sulṭânâbâd (jetzt شهر نو genannt).

عرب میش مست .. ۳۹, ۵۴, ۵۸, ۶۵

ʿArab-i-Mîš-Mest, einer der Araberstämme Khurâsân's. Im Mirât el-buldân werden als Araberstämme, die in Turšîz siedeln, aufgezählt: 1.) عرب لالوئی 2.) عرب میش مست 3.) عرب طاهری 4.) عرب مقصودی. Die Mîš-mest finden sich auch unter den Îlât in der Umgegend von Ṭehrân: Mirât el-buldân tom. I. Appendix pag. ۳۰.

Ghilze, Afghânen-Tribus. غلزه .. ۵۹

Siehe zu افغان. Speciell über die Ghilzâî (auch Ghiljâî): Broadfoot, in P. R. G. S. Supplem. Papers 1885 pag. 355 ff. Darmesteter, Chants Populaires des Afghans giebt die Aussprache Ghalǰai = غلجی Bei ʿAlî Qulî Mîrza und sonst auch غلیجائی: Ghalîǰâî. Man hat verschiedentlich, schwerlich mit Recht, die Ghalǰai auf den türk. Stamm der Khalaǰ (s. d.) zurückführen wollen; neuerdings hat Darmesteter, a. a. O. pag. CLXV diese Ansicht wieder vertreten, jedoch mit keineswegs überzeugenden Gründen.

ʿO m â n, Südostarabien. عمان .. ۳, ۱۱

غوریان .. ۴۳, ۶۰

G h û r i â n, Stadt in Afghânistân, west. von Herât. s. Khanikoff, mémoire pag. 75. Jâqût III, 824.

F â r s فارس .. ۱۰, ۴۷—۷۱

فتح آباد .. ۱۵

F e t ḥ - â b â d, Ort zwei menzil von Khebušân in Khurâsân cf. Beer, Ind. Târ. Zend. p. XXII

فراه .. ۶۰

F e r â h, Stadt Süd zu Ost von Herât: Ferrier, Caravan journeys pag. 387 ff. 394 Anmkg. Die arabischen Geographen haben alle فرّه. (Jâqût ohne Tešdîd).

F e r e n g, Europa.... فرنك .. ۱۳

فیض آباد .. ۴۸, ۴۹

F e i ẓ - â b â d ... zwei menzil von Mešhed.

قاچار .. ۱۱, ۱۳, ۱۵, ۱۹, ۲۶, ۲۷, ۵۸, ۶۷

Q â č â r (so schreibt die Handschrift ausnahmlos, gegenüber dem sonst ausschliesslich gebrauchten Qâǰâr). Ueber den grossen Türkenstamm der Qâǰâren siehe Beer, Ind. Târ. Zend.

Die Qâǰâr-Afšâr (s. Beer, a. a. O.) siedeln nach Dupré II, 458 Anm. besonders in Mâzenderân und um Erivân.

قراچورلو .. ٣٦

Qaráčûrlû. Ein grosser kurdischer resp. Lek-Stamm im westl. Persien. Sie kommen vor bei Ṭehrân (Mir. el-buld. I, Appendix pag. ٣. und Sheil, Append.) und in Kh(v)âr (mir. buld. I, App. pag. ١٥ u. II. App. IV).

قراچه داغ .. ٣٥

Qarača-dâgh, nördlicher District von Âḏerbâiǰân.

قراماناو .. ٦٥

Qarâmânlu, ein Kurdenstamm in Khurâsân, siehe unter: كرد.

قرای .. ٤٩, ٦٢

Qarai, ein türkischer Stamm, seit Teimûr in Khurâsân siedelnd, besonders in und um Turbet-i-Ḥeiderî. So Bellew, from the Indus to the Tigris, pag. 350 ff., wo auch die neuere Geschichte des Stammes erzählt wird. Die Angabe des Mirât el-buldân I, ٤١٩, sie seien Araber, wird durch den entschieden türk. Namen widerlegt.

قرقلو .. ١٥, ٥٦, ٦٧

Qirqlû, ein Afšârenstamm, besonders im District Abîverd siedelnd, wohin sie von Šâh Ismaʿîl, dem ersten Ṣefevîden, aus Aḏerbâiǰân verpflanzt worden sind. (Napier, pag. 90—91).

قزلباش .. ١٤ ff.

Qyzylbâš. Mit diesem Namen benannte Šâh Ismaʿîl diejenigen sieben türkischen Stämme, die ihn in seinen ersten Kämpfen unterstützt hatten. (Malcolm, hist. of Persia I, 502 Anmkg.) Die Namen der 7 Stämme sind (nach Melgunof, südl. Ufer des Kasp. Meeres, pag. 107.): 1.) استاجلو. 2.) شملو. 3.) نیکالو (zu lesen ist. تکلو) 4.) بهارلو 5.) ذوالقدر 6). افشار. 7.) قاجار. Siehe auch Beer, Ind. Târ. Zend. unter: قاجار.

قزوین .. ۴۴

Qazvîn, Hauptstadt der gleichnamigen Provinz.

قلابور .. ۴۵

Qelâbûr(?), ein befestigter Ort in West-Persien. Nach dem Wortlaut der Durre-i-Nâdire (das Târîkh-i-Nadirî erwähnt den Namen nicht) liegt es in der Nähe von خرقان.

قم .. ۳۸—۴۹

Qum, grössere Stadt an der Poststrasse Ṭehrân-Isfahan. Olivier III, 92 ff. giebt eine eingehende Beschreibung der Lage der Stadt.

قندهار .. ۲۰—۷۱

Qandahâr, Stadt in Afghânistân. s. Bellew, from the Indus to the Tigris.

قوتولو .. ۴۵

Qutulû, eine Unterabteilung der Afšâren.

Kâbul, in Afghanistân. کابل .. ۱۲

Kâšân; cf. Beer, Ind. Târ. Zend. XXIV. کاشان .. ۴۸

Beschreibung der Stadt bei Dupré I, 173— 176.

کرد .. ۲, ۱۳, ۲۶, ۳۶, ۴۹, ۵۴, ۲۵, ۷۱

Kurd, plur: اکراد Ekrâd. Die von ʿAbbâs dem Grossen aus dem westlichen Persien nach Khurâsân verpflanzten Kurdenstämme sind:

1.) Die Šâhdillû; شادلو, ihr Gebiet erstreckt sich von Bujnurd bis in die Gegend von Sîrvân (cf. Rûznâme-i-ḥakîm el-memâlik pag. ۳۱۹, ۳۴۱ und ۵۱. Ihr بیلاق ist in den nördlichen Abhängen des Alâ Dagh, südöstl. von Bujnurd (ebenda, pag. ۳۶۳).

2) Die Zaʿferânlû زعفرانلو, von Šîrvân bis in die Gegend von Râdkân, ihre Hauptstadt scheint Khebûšan zu sein. (Rûznâme... pag. ۳۳۷ u. ۳۱۳).

3) Die Keivâulu کیوانلو (Napier in P. R. G. S. Bd. 46 schreibt Kyanlû) in Râdkân Rûzname, pag. ۳۰۴—۳۰۵: از چشمه ییلاس تا کوباغ این صحرا... موقف ایلات کیوانلو است که زیاده بر پنجهزار خانه وسپرده بمحمد رضا خاننند وسیاه چادرهای ایشان دراین بیابان پراکنده اند).

4.) Die ʿAmârlû عمارلو: in und um Nîšâbûr. Cf. auch Napier, in J. R. G. S. 46. und Stewart in P. R. G. S. 1881 pag. 513 ff. Eine Unterabteilung eines dieser Stämme sind die Qaramâulû, pag. ۱۵.

کرمانشاهان .. ۲۰, ۲۵, ۲۹, ۳۰, ۳۸

Kirmânšâhân, grössere Stadt im westl. Persien. Beschreibung der Lage bei Olivier III, 13 ff. Dupré I, 236 ff.

کلات .. ۱۳, ۱۴, ۱۷, ۲۲—۲۵, ۷۲

Kelât, das von Nâdir befestigte Schloss in Khurâsân, in District Abîverd. Eine Abbildung der Örtlichkeit bei Mac Gregor, Journey through Khorassan II pag. 50 ff. Dazu ist zu vergleichen die Beschreibung bei Napier, in J. R. G. S. XLVI (1876.) pag. 75—79. Herr Dr. Andreas macht mich darauf aufmerksam, dass sich aus der Vergleichung der Beschreibung der Lage von Apaortene bei Justin 41. 5. 2 und jener Abbildung bei Mac Gregor ergiebt, dass das alte Apaortene genau die Örtlichkeit des heutigen Kelât-i-Nâdirî repräsentirt.

کوسه احمدلو .. ٣, ١١, ١٦

Kûse-Aḥmed-lû, ein Afšârentribus.

گرشك .. ٦٠, ٦١

Girišk, Ort in Afghânistân, südlich von Herât, am Hilmend zwischen dem Einflus des Mûsa (r.) und des Argand-âb. (l.). s. Beaven, in P. R. G. S. II, 548—552.

Gurgân. (آب) گرگان .. ٣٧

Eine ausführliche und sehr anschauliche Beschreibung des Flusses findet man bei Melgunof . . . pag. 80 ff.

Gulistâne, Geburtsort des Verfassers. گلستانه .. ٢

Im westlichen Persien, in der Nähe von Kirmânšâhân?

گوکلان .. ٣٧

Göklân, einer der drei Haupt-Turkmenen-Stämme; die andern sind يموت (Jomût) und تكه (Tekke). Eine gegenaue Aufzählung aller Unterabteilungen dieser Stämme (nach dem Berichte des Statthalters von Asterâbâd an den Šâh aus dem Jahre 1857) findet man bei Melgunof, pag. 86—90. Ueber die Tekke vgl. ausserdem: Stewart, in P. R. G. S. 1881 pag. 513 ff.

گوندوزلوی افشار .. ١٥

Gûndûzlû-î-Afšâr (siehe auch zu: Afšâr).

Sie siedeln in Khûzistân (ᶜArabistân). Von Nâdir waren sie nach dem Norden Persiens verpflanzt, sind aber nach dessen Tode wieder in ihre alte Heimat, Dôraqistân, zurückgekehrt. Ihr Chef residirt jetzt in Boleïtî, nahe bei Šûster. Sie wurden dann von den umwohnenden Bakhtiâren unterjocht, und gehören jetzt zu deren Dependencien. Layard (J. R. G. S. XVI) fand ca. 15000 Familien von ihnen vor.

لالوئ .. ۶۹

Lâlûî [1]; die L. sind Araber in Khurâsân ansässig. Sie finden sich in Turšîz (siehe zu عرب میش مست) und in Tûn (siehe zu تخی).

لزگی .. ۱۱

Lezgî. Die Lezgier; von den Persern, Türken und Russen gebrauchte Gesammtbezeichnung der verschiedenen das Dâghistân bewohnenden Völkerstämme. Die vier Hauptgruppen derselben sind: die Avâren, Kazikumüken (Laken), Darginer und Kürinen. Von diesen nennen sich nur die letzteren selbst Lezgier (Lezgijar), sind aber der Ansicht, dass sie diesen Namen nur angenommen haben, weil die benachbarten Türken sie so nannten. Cf. A. Schiefner, Bericht über von Uslar's kürinische Studien pag. 4.

لکهنو .. ۴

Lakhnau; Stadt im Königreich Oude in Indien. Hunter VIII, 492.

مروچاق .. ۵۲

Mârûčâq, auf Petermanns Karte: Merutschak, bei Stewart Maruchak, gelegen am Murghâb, kurz vor dem Einflus des Kušk-Rûd. Nach Vambéry in P. R. G. S. 1885 pag. 595 wird der Name von den Türken »Marchak« gesprochen, und bedeutet: »kleines Merv.«

مازندران .. ۲۶, ۲۸, ۳۳

Mâženderân, Provinz am Südufer des Kaspischen Meeres; gewöhnlich مزندران geschrieben.

مراغه .. ۳۵

Merâghe, bekannte Stadt in Aderbâijân, drei men-

1) Siehe Addenda et corrigenda zu pag. ۶۹.

zil von Tebrîz. Eine Abbildung bei Malcolm, hist. of Persia I, 422. cf. auch Ritter, Asien 9, 833 ff.

مرشدآباد .. ۴

Muršidâbâd, Stadt in Bengâlen: Hunter X, 20 ff.

Merv مرو .. ۲۴, ۵۴, ۶۹

مشهد مقدّس .. ۲۱—۷۲

Mešhed-i-muqeddes auch Erẓ-i-muqeddes (ارض) genannt, Hauptstadt von Khurâsân. Eine genaue Bestimmung der geographischen Lage der Stadt ist neuerdings unternommen von Major T. H. Holdich in P. R. G. S. 1885 pag. 735—738.

نتنز .. ۴۸

Netenz, Örtlichkeit zwischen Kâšân und Isfahân. Bei Kiepert und Stewart: Nathenz. Jâqût IV, 791 hat نطنزه. Es gehört zu Isfahân. Cf. Schindler, in Zeitsch. der Gesellsch. f. Erdkunde XVI, 308—9.

Nekh'î (so nach Mirât el-buldân) نخعی .. ۶۹

Als Ilât des Bulûk Tûn in Khurâsân zählt der Mirât el-buld. die 3 Araberstämme auf (I, pag. ۵۰۴):

1.) عرب لالوی 2.) عرب نخعی [wohl ursprgl.: نخعی]

3.) عرب زنکوی.

Herât, in Afghânistân هرات .. ۲۱—۷۱

هزاره .. ۶۰

Hezâre, ein Stamm der Čehâr Aimâq. Siehe unter Tâimunî.

همدان .. ۳, ۴, ۳۵, ۴۶, ۴۸

Hamadân, das alte Ecbatana; Beschreibung der Stadt bei Ker Porter II, 91 ff. und Olivier III, 29.

هند, هندوستان .. ۳, ۷, ۱۲, ۲۲, ۲۳

Hind, **Hindûstân**; Indien.

يموت .. ۲۶, ۲۷

Jomût, einer der drei Turkmenenstämme in der Qypčâq. (siehe unter ترکمان) Eine weitere Aufzählung der Unterabteilungen der Jomût s. bei Napier, im Appendix zu seinem Aufsatz im J. R. G. S. Vol. XLVI.

(دار العبادة) يزد .. ۴۸

Jezd, Stadt und Provinz im östl. Persien. Einen Plan der Stadt giebt Khanikoff, mémoire. S. auch Schindler, Z. G. f. Erdk. XVI, 320 ff.

ADDENDA ET CORRIGENDA.

In der Einltg.	Pag.	9	Zeile	2	v.	u.	liess:	gemäss
	„	11	„	4	„	„	„	pag. ٤١, Z. 4.
	„	18	„	10	„	„	„	annalistisch
	„	20	„	2	„	„	„	Teufel
	„	21	„	9	„	o.	„	pag. ٧١.
	„	21	„	21	„	„	„	جماعت
	„	21	„	2	„	u.	„	ḥakîm
	„	22	„	5	„	„	„	des
Im pers. Text:	„	٢١	„	11	„	o.	„	سحرگه
	„	٢٢	„	5	„	„	„	فضای
	„	٤٩	„	22	„	„	„	ملاقات

Zu pag. ٥٨: Ueber die persischen Hofämter findet man erschöpfende Angaben in: Kaempfer, Amoenitates exoticae.

Pag. ٦٦ Z. 13 und 14 v. o. liess. سان

„ ٦٩ „ 2 liess: اکراد ونخی (so hat Khelîl an der entspr. Stelle).

الحمد لله ربّ العالمین و الصلواة و السلام علی خیر خلقه محمّد و آله اجمعین بعد از حمد و ثنای خالق قهّار و یگانهٔ مختار و نعت جناب سیّد ابرار و خاتم الانبیاء الاخیار و منقبت حیدر کرّار و ائمّهٔ اطهار صلوات الله سلام علیه و علیهم اجمعین و صحابهٔ کبار رضوان الله علیهم الی یوم الدین بر پیشگاه خاطر قدسی مظاهر سخن سرایان محفل ارباب سیر و نکته سنجان رموز افراد دفاتر اصحاب صدق و کذب خبر مخفی و مستور نماند که بعد از وقوع قتل پادشاه جم‌جاه فریدون‌فرّ ظلّ الله الخاقان الاعظم ابوالسیف السلطان نادر پادشاه دین‌پناه ممالک ایران فردوس‌نشان که مفصّل احوال آنشاه عظیم‌الشأن در تاریخ نادری مذکور و مسطور است نامداران با عزّ و تمکین و صاحب اقتداران جلادت‌قرین که از شوکت و سطوت نادری مدام غمگین و مانند بید لرزان و هراسان و بی‌تمکین بودند هریک بلاد و مملکتی‌را بزور بازروی خودسری متصرّف و علم استقلال و رایت جاه و جلال افراشته بایکدیگر بنای اتّفاق‌را بر خصومت و نفاق نهاده شور و غوغای جداگانه در انفس و آفاق انداختند و هر کدام در محلّ اختیار خود کوس لِمَن الملکی نواختند کمیت شجاعت و سمند خودرائی در میدان

تهوّر جولان داده بسفک دماء عباد نقد جانهارا در سوق بی‌پروای با متاع فنا و فساد بی محابا سودا نموده طالبان دیهیم و سریر از برنا و پیر با جمعیّت قلیل و کثیر در قتل برادران ایمانی رنگینی و سرخی دستهارا از حسن تدبیر شمرده از کشش و کوشش و قلع و قمع همدیگر تقصیر نکرده اند و از سبب ازدیاد فتنه و فساد و وقوع آشوب و انقلاب سر و خیال ساکنان هر مملکت و بلاد در ششدر حیرت و اضطراب افتاده که بجز سپرداری و فضل ربّ الارباب گشایشی از بستگی‌ها از هیچ باب متصوّر نه بودند در آن آوان این معتکف غم‌خانهٔ ایّام و زمانه ابن محمّدامین‌ابوالحسن گلستانه در قلعهٔ کرمانشاهان در خدمت میرزا محمّدتقی عمّ نامدار که صاحب اختیار و اقتدار در آن مملکت و دیار بود حاضر و بجمیع امورات ناظر و از احوالات و اخبارات ولایات دور و نزدیک کمابیش واقف و مخبر میبود و از مکر و حیلهٔ سپهر دون در احتراز و از قضای فلک شعبده باز التجا بدرگاه خداوند کارساز داشت که قضیّهٔ جانسوز و واقعهٔ دهاء بیله غم‌اندوز عمّ والامقام که از فتنه‌انگیزی جماعهٔ اکراد شقاوت‌انجام و تزویر آن فرقهٔ کاذب القول و الکلام اتّفاق افتاد از سنوح این امر مرغ دل از حسرت جدائی در تا به غمّ بریان و تن پیچان مانند ماهی دور افتاده از آب در خاک غمّ تپان و خون دل از چشمه‌سار عیون روان و رشک

Z. 1, ms. hat unverständliches بسنک.

Z. 3, ms. falsch سرایر.

Z. 9, بودند fehlt in der Hds.

جیحون و عمان گردید و قبل از وقوع قتل نادرشاه بچندین سال مرحمت و غفران‌پناه عموی امّ میر محمّداسحاق طناب براه که مستلزم رکاب نادرشاه بود حسب الرقم قضاشیم با فوجه‌خان حاکم ولایت دزفول و دورق در رتق و فتق امورات و معاملات شریك و سررشتهٔ لشکر ظفراثر آن هر دو ولایت بدون شرکت غیر باو متعلّق و مقرّر بود از ظلم و ستم و بی‌اعتدالی شاه ترکمانی‌نژاد که در پارهٔ قاطبهٔ عباد انا فانا در تزاید و اشتداد بود خودرا از آن خدمات عزل و بسواحل هند کشیده از آنجا رهگرای بنگاله گردیده و مدّتها گذشته که از حیات و ممات ایشان اطلاعی حاصل نگردیده و از طرف زندگی بالمره مأیوس بود و برادری موسوم بمیرمرتضی‌خان که در دفترخانهٔ همایون در سررشتهٔ استیفای عراق مقرّر بود شاه ستم‌گستر برای استرداد مال و متاع و زر و زیور لطفعلی‌خان ولد باباعلی‌بیك کوسه احمدلوی افشار که دیده‌های اورا از بینای عاطل نموده بود از گماشتگان و کرك‌یراقان آن خان عالیشأن که بسمت خراسان و هندوستان برای بیع و شرا رفته بودند اورا از همدان باستعجال بچاپاری مرخّص و روانه فرمود که اموال اورا بحیطهٔ ضبط در آورده و گماشتگان اورا مقیّد و محبوس بدرگاه آسمان جاه بیاورد میر عدیم‌النظیر که از ملاحظهٔ دار وگیر خلایق از غیرت مانند صورت تصویر و از قرب حضور دایمی دل‌تنگ و ناگزیر و پیوسته طایر روحش بفکر گریز در پرواز و از بودن در آن لشکر در احتراز میبود این خدمت‌را محض اقبال و پیش‌آمد احوال دانسته همان وقت رهگرای خراسان و از آنجا بسمت

هندوستان روانه گردید در ورود بدهلی که بشاهجهان‌آباد مشهور است بمعرفت امیرخان مشهور بعمدة‌الملک بملازمت پادشاه هندوستان مشرّف و در سلک ملازمان حضور منسلک و بعد چندی که جوهرذاتی بر صفحهٔ کاردانی ظاهر و باهر گردید شاه انجم‌سپاه اورا بحکومت امواله که در چند منزل دهلی است سرافراز فرمود و از این مقدّمات مطلقًا خبری نرسیده و از جانب او هم پاس کلّی هم رسانیده بود در این اوقات که واقعهٔ اتّفاقیهٔ عمّ عالی‌مقام که علاوه بر جمیع کدورات و آلام بود اتّفاق افتاد بعزم سکونت مملکت روم ترک مکان آبا و اجداد خویش و قوم نموده روانهٔ آن مرز بوم گردید و در ورود بخطّهٔ بغداد خبر رسید که میر محمّداسحاق در مرشدآباد بنگاله در قید حیات و از خدمت نوّاب مهابت جنگ میباشد و میرمرتضی‌خان در بلدهٔ لکهنو در رفاقت نوّاب شجاع‌الدوله بهادر در کمال تقرّب میگذراند از استماع این اخبارات ترک همهٔ خیالات نموده بعزم قدمبوس عمّ ستوده‌صفات و برادر عالی‌درجات در اواخر سال هزار و یکصد و شصت و نه هجری مطابق تخاقوی ئیل ترکی باتّفاق برادران کامکار سعادتمندان اقبال‌نشان سیّد محمّدخان و سیّد صدرالدین‌محمّدخان در عنفوان شباب روانهٔ هندوستان گردید در ورود بمرشدآباد فیض‌یاب خدمت با سعادت جناب عموی ام گردیده ایشان‌را علیل و ضعیف دید معلوم نمود که از

Z. 6, از fehlt in der Hds.

Z. 10, و در fehlt in der Hds.

Z. 11, ms. hat اسحق.

مدّتیست وجود بمرض سلّ و دقّ گرفتار و حکمای حاذق عالیمقدار از معالجهٔ آن آزار بعجز خود اقرار نموده اند بعد شش ماه که یوماً فیوماً مرض در اشتداد و ضعف نقاهت ازدیاد پذیرفت داعی حقّرا بیک اجابت گفته بجوار رحمت ایزدی پیوست کثرت کدورات و آلام و قلّت و کمی ایّام باعث عدم ربط و اتّحاد با مخادیم عظام و بزرگان ذوی العزّ و الاحترام گردیده معتکف بیت الاحزان غمکدهٔ حیرانی گردید در این بین چند کس از عزیزان با شعور و بزرگان پر غرور و همسایگان نزدیک و دور برای دفع مایقال گاهی باستفسار احوال کثیرالاختلال محرّک سلسلهٔ یکجهتی و اتّحاد گشته از ملاقات خودها مسرور میفرمودند لمعهٔ نعت

با وجود کدورت بسیار
که بغمّ گشته توام این دل زار
بعد چندی زقسمت ازلیّ
شد تأهل سلاسل افکار
عیش و نوش ممالک ایران
ز سلوک و ضوابط و رفتار
همگی محو گشت از خاطر
آشنا شد بساکنان دیار

چون حالت و رفتار این غریق لجّهٔ افکار خلاف روش و کردار ساکنان این دیار که فی الحقیقت روشندلان بزم خودستائی در گفتار و سرو خوشخرام جویبار رعنائی در اطوار و قدر ناشناسان

Z. 12, کدورت; so nach dem Metrum, die Hds. hat کدورات.

ارباب عزّت و افتخار میباشند بود عدم موافقت سبب ترک ارتباط و مصادقت گردیده راه آمد و شد مسدود و کنج انزوائی قناعت که سرمایهٔ سبکباری و عافیت است بر خود اختیار نموده در این آوان که اوسط سال یکهزار و یکصد و نود وشش هجری است روزی برادر عزیز ارجمند سعادت‌نشان سیّد محمّد خان از راه دلجوئی به تبیان این مقل رطب اللسان گردید که در این جزو زمان که منشیان تیزکلک دوران خطّ فراموشی و نسیان بر صفحهٔ آمال مطالب اهل روزگار کشیده اند و مستوفیان قضا بامر قدر سر رشتهٔ امور عبادرا از دفتر توجّه محو و بجای کلمهٔ مفرده که بقانون اهل سیاق مبنی بر جمعیّت لفظ من ذالک که بضعه خرج مقرّر است نوشته اند و از رهگذر معاش که راه تردّد و تلاش از جمیع جهات مسدود کشتی احوال خلایق در بحر تفکّر تباهی و سفینهٔ دلها غریق لجّهٔ اضطراب نامتناهی است و ایّام به بیکاری و اوقات در این گوشه‌نشینی ببطالت و کدورت صرف میشود اگر بجهت رفع کدورات و فراموشی بعضی از سوانحات اوقات‌را بامری مصروف و خودرا مشغول سازند یحتمل که جنود نامعدود هموم غلبهٔ عساکر غموم از ترک تازی لشکر قیامت‌اثر سلطان اقلیم ممالک قلم مغلوب و معدوم و بالآخره بدآنچه مشیئت ازلی قرار گرفته مفهوم و معلوم گردد اقل الخلقه استفسار نمود که کدام شغل و عمل هموم‌را بفرح بدل میتوان کرد و یا آمده مشغولی بآن امر سبب فراموشی بعضی از غموم میگردد هرگاه خبری بخاطر رسیده باشد بیان نماید برادر منادی‌آداب در جواب گفت که

وقایع ایّام بعد نادرشاه که در مملکت ایران اتّفاق افتاده در اکثر آنها خود بوده و اطّلاع گاهی دارند اگر به تسوید آن پردازند هر آینه تاریخی خواهد شد که از مطالعهٔ آن طالبان مشغوف گردند و نظر باینکه تا حال تاریخی که مشتمل بر احوال اهل ایران و سوانحات بعد ایّام نادرشاه باشد بنظر نرسیده است البته مستحسن طبع ناظران خواهد گردید و از اوقاتیکه بتفکّر و بیکاری بگذرد اولی و احسن است گفتم که قریب ده سال بعد قتل نادرشاه در ایران بودیم و از اکثر مراتب اتّفاقیّه اطّلاع حاصل است به تحریر صادرات آن ایّام پرداختن و باقی احوالات الی یومنا هذا که در مملکت هند و بنگاله بوده و خود مطّلع نیست موقوف و مبهم گذاشتن خلاصهٔ ضابطهٔ تسطیر و تسوید است بلی اقدام نمودن باین امورات در صورت تحقیقات لازمه از مخبران صادق‌القول که کذب‌را در آن دخلی و تصرّفی نباشد و مصروف داشتن اوقات شبانه‌روز در ایّام فیروز منحصر و موقوف است بوجود و تکلیف عالیجاه صاحب شوکت ذی جاهی که قدردان و فهیم و شایق و کریم و طالب چنین تاریخی و صاحب نفس سلیم باشد چون در این بلاد وجود چنین عظیم الشأنی که باین صفات موصوف باشد حکم عنقا دارد و صرف نمودن اوقات در این امر بیجا در حقیقت خوش نمائی خواهد بود برادر سعادتمند طوطی شکرخای ناطق‌را بگفتار آورده به تصدیق این مقال گویا گردید که فی الواقعه وجود چنین شخصی که عظیم‌الشأن و نامدار و موصوف و مشهور باین صفات بوده و در این امورات و نکات اسرار داشته باشد با

الفعل در این مملکت معدوم و نایاب است و مدّعا از اظهار و تکرار این مراتب در گفتار آن است که بودن در ملک غریب باختیار بدون مشغله در این روزگار خارج رویهٔ اعتبار و اقتدار و بهر صورت اختیار نمودن امری و شغلی در نظر اخیار لازمهٔ دانائی و وقار و ممدوح ابو الابصار خواهد بود و از بیکاری در جمع مراتب پیکاری بهتر

غرض نقشیست کزما باز ماند
که هستیرا نمیبینم بقائی

از آن تقاریر دلپذیر برادر عدیم‌النظیر که مبنی بر استحضار احوال سروران صاحب تدبیر بعد نادرشاه بود بلبل طبع در گلشن خاطر به نغمهٔ سرائی بر آمده مسئول برادررا بعزّ و اجابت مقرون و از وقایعیکه خود در آنجا بوده مطّلع بود شروع نمود و ما بقی اخبارات‌را از اشخاص صادق‌القول و خطوط مردمان ثقه که اعتمادرا میشایست تحقیق نموده اجمالاً در سلک تحریر کشیده و موسوم گردانید اورا بمجمل التاریخ بعدنادریه امید از ناظران و مطالعه کنندگان این فنّ آنست که اگر غلطی و سهوی شده باشد بذیل عفو عاطفت پوشیده در صحّت آن کوشند و اخباراتیکه موجب خطوط و از مردمان ثقه استماع شده و اجمالاً بسلك تحریر کشیده در کم و زیاد آن بر این کثیر التقصیر ایراد نگیرند و با الله التوفیق و علیه السلطان ۞

Z. 21, السلطان? Das Wort ist sehr undeutlich geschrieben.

در بیان مجملی از احوال اواخر نادرشاه و سبب قتل او بدست اهل ایران و وقایع ایّام بعد نادریه به طریق اجمال

بر مستمعان نکتهٔ سنج آوازان محفل دانائی و یکه‌تازان میدان حقایق وقایع رزم خلافت و دارائی مخفی و مستور نخواهد بود که مردم ایران پادشاه جمجاه‌را ظلّ اللّٰه اوامر و نواهی حضرتش‌را بجان و مال خود نافذ دانسته در طریق جانسپاری و متابعت و فرمان‌برداری گوی سبقت در میدان نیکنامی از سایر همکنان در عرصهٔ جهان ربوده اند با این جهت از ازمنهٔ سابقه متوطنین اماکن بعیده اهالی ایران‌را موسوم و مشهور بپادشاه‌پرست کرده اند و در صدور وقوع از پادشاه خلاف ضابطه و معدلت و جهانداری از قتل ظلم و جور و تکالیف شاقه بر کافهٔ مخلوقات حضرت‌باری که ودایع بدایع آفریدگار اند عزّ شأنهٔ شیرصولتان بیشهٔ معارک شجاعت و نامداری و پلنگ خصلتان کوه گرد هامون نورد آسمان غیرت ابرا فی الجاء و اضطرار در دفع و رفع او کوشیده بمضمون بیت مشهور اورا بقتل رسانیده اند

از مکافات عمل غافل مشو
گندم از گندم بروید جو ز جو

و انتشار خبر قتل او در آن ایّام که سامعه‌افروز خاصّ و عامّ هر دیار نزدیک و دور شده بسبب عدم استحضار زبان طعن

عوام دراز و باعتقاد آنها چنین امری منافی فرمان‌برداری و متابعت و انقیاد است لهذا بجهت دفع ما یقل احوال کثیرالاختلال اواخر ایّام نادرشاه که شاهد حال و گواه این مقال است رقم زدهٔ کلک عنبرین مثال میگردد که مدّعیان ناواقف مهر سکوت بر لب نهاده بطعن سنان زبان دلهاء متابعین که اصحاب الدین اند نخراشند توضیح و تبیین قتل نادرشاه بوجه اجمال از بدوّ حال نادرشاه تاهنگامیکه از سفر خوارزم بر گشته عازم داغستان شد در امر سلطنت و جهانداری یگانه و از راه و رسم معدلت و عاجزنوازی فرزانه با قاطبهٔ ایرانی نادر زمانه بود واهالی ایران نیز از خورد و بزرگ و ترك و تاجیك فدویانه نقد جان‌را در راه او میباختند بعد از آنکه داغستان مسیر کوکبهٔ خلافت مصیر شد بنابر استیلای وساوس و توهّمات چند قرّة العین خود رضاقلی‌میرزارا که فرزند مهین ولی عهد و ارشد اولاد بود از نظر انداخته دیدهٔ جهانبین اورا از روشنائی عاطل ساخت از غمّ اینمعنی تغیّر در احوال او راه یافته آشفته مزاج گشت و با عموم اهل ایران بنای بدسلوکی گذاشته ورق حسن سلوك‌را بر گردانید اهالی ایران بر فساد ضمیر او مطّلع گشته از چند جا طغیان نموده بنای مخالفت و خودسری گذاشتند از آن جمله اهالی فارس و بنادر عموماً با تقی‌خان شیرازی که در آن اوان برتبهٔ ایالت کلّ فارس و

Z. 7, از بدوّ الخ hier beginnt die wörtliche Benutzung des Târîkh i Nâdirî des Mîrzâ Mehdî Khân; siehe die Einleitung.

عمان سرفراز بود اتّفاق نموده کلبعلی کوسه‌احمدلوی سردار که خالوی شاهزادگان بود بقتل رسانیده لوای مخالفت افراشتند و همچنین اهالی شیروان حیدرخان افشار حاکم خودرا مقتول و ولد سرخای لزگی‌را بشیروان آورده در آن ناحیه بنای فساد گذاشتند و اهالی تبریز سام‌میرزا نام مجهول‌النسب‌را بسلطنت بر داشتند و قاچاریهٔ استرآباد با ترکمانیه متّفق شده سرکشی آغاز نمودند ظهور این امورات بیشتر سبب شدّت مزاج نادری گشته حرکاتش از نظم طبعی افتاده و راه مروّت بسته باب‌ابواب گشاده باین طریق که عمّال ممالک در محکمهٔ حساب حاضر میکردند و بی‌اندیشهٔ روز حساب در مقام مؤاخذهٔ ایّام اخذ و عمل در آمده بدون اینکه از جانب احدی تقریر حکایتی یا ادّعای و شکایتی واقع شود از پا بر فلك کشیده از ناخن بدر میکردند تا آن بیگناهان بیدست و پا گشته هر کدام ده الف وبیست الف که هر الفی پنج هزار تومان باشد از دست چوب با قلمهای شکسته بر پاهای خود مینوشتند این دفعه ضرب و تعذیب بر ایشان شدیدتر میگردید تا دستیاران و اعوان خودرا بقلم دهند ایشان نیز ناچار آنچه از خویش و بیگانه و همشهری و همخوابه و آشنای دور و نزدیك و ترك و تاجیك‌را که دیده و نادیده اسمش‌را شنیده بودند شریك خود بقلم میدادند و فقیری که قفیزی در بساط نداشت و از برای دیناری در هم بود الفها باو رسد میرسانیدند اگر احدی در

Z. 14, باشد nach Târ. Nâd.; es fehlt in der Handschrift.

مقام انکار بر آمده از قبول آن گردن میپیچید فی الفور طناب بگردنش میپیچیدند پس بایست از خوف جان در صدد تسلیم و رضا معترف بگناهان نکردهٔ خود باشد بعد از قبول علی الحساب گوش و بینی آنها قطع و چشمهای ایشان‌را کور کرده محصّلان شدید برای تحصیل آن وجوه بیوجه روانه میساختند محصّلان نیز ناچار در شهر بهر کس دوچار میگشتند در آویخته زر مطالبه میکردند و اکثر بیگناهان نقد جان‌را بعلاوهٔ مال تسلیم مینمودند باز نجاتی برای ایشان میسّر نبود این حواله از ورثهٔ ایشان بهمسایه واز همسایه بمحله و از محله بمملکت دور دست بدست سرایت میکرد الحق کسی این دور تسلسل‌را نمیدانست که بچه معنی است هیهات این وجوه محال از کجا به وصول و مطلوب پادشاه چگونه بحصول میپیوست مصرع از عشق تابصبوری هزار فرسنگ است مع هذا از این تعذیبات بیهیچگونه اطفای حرارات نادری نگشته نایرهٔ بیدادرا بحدّی اشتداد داد که چند نفر هنود و ارمنی و مسلمان‌را در میدان نقش جهان اصفهان آتش افروخته سوختند و در دهم شهر محرّم سنه که از اصفهان حرکت کرده بجانب خراسان میآمد بهر مملکت که وارد میشد کلّهٔ مناری از روس رؤسا و ضعفای بیگناه ترتیب میداد در این اثنا اهالی سیستان نیز سر از اطاعت باز زده بعلیقلی‌خان برادرزادهٔ نادرشاه و طهماسپ‌خان جلایر سردار کابل که مامور به تنبیه آنجماعه و بسبب یکصد

Z. 13, hier folgt bei Mîrzâ Mehdî noch eine weitere Ausführung der Schilderung.

وپنجاه الف وجه ابواب که باسم هر دو محصّلان تعیّن شده و آنها هم بغی اختیار نموده بودند پیوسته متّفق شدند و اکراد خبوشان در مقام طغیان برآمده بیکبارگی بنای سرکشی گذاشتند شاه نامدار سپهراقتدار از انتشار اخبار سرکشی جماعهٔ اکراد و ترکمانیه وقاجار و بغی اهل سیستان و فساد سرکردگان بعضی دیار بالمرّه از خرد بیگانه و از غمّ طغیان علیقلیخان برادرزاده دیوانه شده کشتی حوصلهاش بگرداب بلا و سفینهٔ دلش در غرقاب اضطراب افتاده بر خاطر خود مصمّم کرد که نصر اللهمیرزا و امامقلیمیرزا و غیره شاهزادهارا بقلعهٔ کلات بفرستد و مردم ایرانرا هر کس نامی و رسمی داشته باشد از پا در آرد چنانچه حکم فرمود که به عمّالان هر دیار که در حضور قید میباشند بعضیرا از جان هلاك و بعضیرا از چشم نابینا کردند و برخی دیگررا محصّلان شدید همراه داده باوطان آنها رخصت کردند که در آنجا برده باقی زر ابواب از آنها وصول نمایند میرزا محمّدتقی عموی راقمی که بعد از این احوال ایشان در مقام خود ذکر خواهد شد میرزا باشی عراق مقرّر فرمود با پنجهزار سوار افغان و غیره رخصت فرمودند نصراللهمیرزا و امامقلیمیرزا و غیره شاهزادهارا در قلعهٔ کلات فرستاد که در آنجا باشد نشود که کسی بآنها سازش کرده فساد دیگر بر پا کنند غرض هر

Z. 3, über diesen Kurdenaufstand berichtet Mîrza Mehdî etwas ausführlicher und erzählt dann ganz kurz die Ermordung Nâdirs. (cf. pag. 15 des Textes). Von hier ab beginnt ein eigner Bericht des Emîn, was auch schon am Stile des folgenden bemerklich ist. (bis pag. 23).

روز در خیال میبود که فرقهٔ قزلباشیه‌را نیست و نابود نماید بعد از چندی سرکردگان اوزبك و افغان‌را که معتمد علیه او بودند در خفیّه به نزد خود طلبیده بنا گذاشت که فردا سرکردگان نامی و بهادران فرقهٔ قزلباشیه‌را به بهانه در معرض باز خواست آورده در حضور خود بقتل رسانند و باقی لشکریان سرکردگان که اطّلاعی از این ماجرا نداشتند لشکر فریقین غافل بر آنها تاخت آورده همگی‌را از صغیر و کبیر طعمهٔ شمشیر ابدار نموده مال و اسباب و دولت آنهارا متصرّف شده سر آنهارا بحضور رسانند و قبل از انتشار این خبر بمسامع اهل فساد و شرّ خود با خاصّان معتمد و فرقهٔ افغان و اوزبك بجمعیّت روانهٔ قلعهٔ کلات که سه منزلی لشکر قیامت‌اثر و از عجایب جهان است گردیده بعد از ورود بآن قلعهٔ خداآفرین بخاطرجمع بتدبیر امور مفسدین و اهالی ایران پردازند باین امر عزم خودرا جزم و منتظر وقت مقرّر بودند چون وقوع این امر عظیم منافی خواهش ربّ کریم بود شخصی از حضّار مجلس مصلحت‌را غیرت دامن‌گیر شده آخر روز خودرا بمحمّدقلی‌خان کشیکچی‌باشی رسانیده در جزو حقیقت‌را گوش‌زد او نمود محمّدقلی‌خان هم همان‌وقت که اوّل شب بود بدستور بکشیکخانه رفته این رازرا با چند نفر از سرداران معتمد در میان آورده با یکدیگر مشورت نمودند که اگر امشب علاج شاه نشود فردا مفسدهٔ عظیم بر پا خواهد شد و از این زمان این بدنامی بر اهل ایران تا یوم القیامه باقی خواهد ماند علاج واقعه پیش از وقوع باید کرد دلاوران شجاعت‌بنیان که برق شمشیر کج

خاراشکاف شان در روز مصاف زینت‌بخش افسر و دیهیم پادشاهان سکندرشأن و خواقین ذوی الاقتدار عالی‌مکان و در کشیکخانه پا به امان خاموشی کشیده بودند سر از گریبان خمول آورده افسوس کنان گفتند که جان متاعیست نایاب که بتدبیر خرد رموزدان بنقد جواهر گران‌بهاء عالم امکان در بازار کاینات دست‌یاب نگردد و از بدوّ حال الی الآن در جمع معارک سربازانه جان شیرین‌را در کف دست گرفته بطعن سنان جان‌ستان و ضرب گلولهٔ بی‌امان و برق شمشیر دشمنان سودا کرده سرخ رو بوده ایم و بجز اطاعت و فرمان‌برداری و انقیاد امری که منافی خواهش شاهی بوده باشد بخاطر نگذشته است الحال که بخاطر شاهی بشمشیر افغان و اوزبک بقتل ما بیجهت تعلّق گرفته اولی و انسب آنست که داخل سراپرده شده بپاداش این کنگاش سر اورا از قلعهٔ بدن جدا کرده بسزاش رسانیم و معتمدان او که جماعهٔ اوزبك و افغان اند علی الصباح بر سر ایشان رفته همگی‌را بدیار عدم فرستیم القصّه باین سخن همگی دلاوران متّفق گشته همانشب که شب یکشنبه یازدهم شهر جمادی الثانی سال یکهزار و یکصد و شصت هجری بود در منزل فتح‌آباد دو فرسخی خبوشان محمّدخان قاجار ایروانی و موسی‌بیك ایرلوی افشار طارمی و قوجه‌بیك گوندوزلوی افشار ارومی و محمّدصالح‌خان قرقلوی ابیوردی با هفتاد نفر جوانان

Z. 16, که شب آلخ: die folgenden 5 Z. = Târ. Nâd. Nur die Aufzählung der Verschwornen geschieht in etwas abweichender Reihenfolge.

داد طلب نیم شب بسمت سراپرده روانه و تا رسیدن به پردهٔ زنبوری که اوّل باب سراپرده است از هیبت و سطوت نادری پای رفتار دلاوران از حرکت باز مانده زمین‌گیر دور راه و نیمه راه ماندند که قدم از قدم بر نمیتوانستند داشت سه نفر خودرا به پردهٔ زنبوری رسانیده داخل سراپرده و خواجه سرای که قاپوچی‌باشی حرم بود ایشان‌را دیده خواست که فریاد کند که یکی از جوانان خودرا باو رسانیده بحلق او چسپید و گفت اگر حرفی خواهی زد کشته میشوی بگو شاه در کدام خیمه است خواجهٔ مذکور از دیدن اجل معلّق بعجز آمده محلّ خوابگاه شاه‌را باشاره نمود همآنوقت حلق اورا فشرده جان بقابض ارواح سپرده و آنشب شاه آسمانجاه در خیمهٔ که بیت دختر محمّدحسین‌خان بود آرام کرده بود احوال روزانه آنکه نادرشاه در همآنروز در کمال اضطراب بخلاف عادت مقرّر چندین بار بحرم داخل شده و بیرون آمده در یکجا قرار وآرام نمیگرفت و مردمان حضور همگی در حیرت و تعجّب و احدی‌را یارای تحقیق این مراتب نبود حسن‌علی‌بیک معیّرالممالک که از جملهٔ دولتخواهان و از ابتدای ظهور دولت نادری الی الآن بخیرخواهی موسوم و معتمد علیه و امورات مخفیه نظر باعتماد و اعتبار او جناب شاهی از او پوشیده نمیداشت چون حالت اورا تباه و مضطرب دید جرأت نموده سبب وحشت و تفکّر مزاج‌را پرسید شاه جمجاه اورا نزدیک طلبیده فرمود که خوابی دیده ام بتو میگویم این‌را مخفی دار و باحدی اظهار مکن پیش از ظهور این دولت خداداد در اوایل حال باباعلی‌بیک کوسه‌احمدلو

حاکم ابیورد که مارا برای امری باصفهان فرستاده بود با چند نفر که همراه بودند بهمین منزل وارد شد وبهمین مکان که حالا سراپردهٔ سلطانی بر پاست خیمهٔ کوچکی که همراه بود ایستاده کرده شب آنروز در عالم رویا شخصی مرا به نزد خود خوانده گفت همراه من بیا که حضرت ترا میطلبد من بموجب گفتهٔ او همراه رفتم در صحرا مکان مرتفعی بنظر آمد که دوازده شخص عظیم الشأن که نور روی ایشان آن صحرارا روشن کرده بود در آن بالا نشسته اند آنشخص مرا پیش برده عرض کرد که حاضر است از آن دوازده بزرگ یکی از همه بزرگتر بود خطاب بیکی از آن بزرگان کرده فرمود که آن شمشیررا بیاور و آن بزرگ شمشیررا بموجب فرموده حاضر کرد و مرا پیش طلبید و شمشیر مذکوررا بکمر من بست و فرمود که ریاست ایران‌را بتو دادیم با عباد الله رویهٔ سلوک‌را مسلوک دار و مرا مرخّص فرمود من از خواب بیدار شدم و این خواب‌را برای احدی نقل نکردم تا آنکه باصفهان رفته و معاودت بنزد باباعلی‌بیک کرده روز بروز پیش آمد احوال خودرا دیده کارها بر وفق مدّعا شد تا آنکه باین دولت خداداد رسیدم و شب گذشته در خواب دیدم همان شخص که در آن ایّام که مرا بخدمت آن دوازده بزرگ برده بود حاضر شده و مرا اعتفار در کمال شدّت کشان کشان بخدمت آن بزرگان برده رو بروی ایستاده کرد آن بزرگی که شمشیر بکمر من بسته بود از دیدن من روی خودرا در هم کشیده فرمود که شمشیررا از کمر این ناقابل بگشا که لایق این کار نیست هرچند من خواستم که شمشیررا ندهم مفید نیفتاد

جبرًا از کمر من وا کرده مرا از نزد خود بیرون کردند از وقتیکه از خواب بیدار شده ام قرار و آرام از من سلب شده نمیدانم چه خواهد شد اگر تا دو سه روز خودرا بقلعهٔ کلات برسانم که در این بین امری واقع نشود این همه کدورات بفرح و سرور مبدل خواهد شد معیّر الممالک عرض کرد که از این خواب متوحّش نباید شد و الحمد لله دشمنانرا حالت مقابله و مجادله با غازیان شیر شکار نیست و خودها از ترس دلاوران و یکه‌تازان لشکر ظفراثر در بستر اسایش خواب و آرام ندارد و قلعهٔ کلات هم نزدیک است از هیچ رهگذر مخاطره و تشویشی نمیباشد شاه در جواب گفت آنچه من میدانم تو و دیگری نمیداند اینرا گفته مضطرب بحرمخانه شد در آن وقت لشکر سلطان نوم در ملک وجود او تاخت آورده بی‌اختیار بر بالین استراحت افتاد و آن شب چوکی دختر محمّدحسین خان که یکی از ازواج خوابگاه در مکان او مقرّر بود شاهرا خواب این‌قدر بی حواسّ کرده بود که لباس از تن بر نیاورده کلاه نادری که چهار جیقه بر او نصب بود از سر برداشته بر زمین گذاشت و بدختر محمّدحسین خان خطاب کرده گفت که خواب بر من چندان غلبه کرده است که عنان اختیار هوش‌را از کف ربوده و خوابیدن‌را بر خود خوب نمیدانم این قدر که چشم من گرم شود زود مرا بیدار کن بعد از این مکالمه چشم جهانبین‌را بر هم گذاشته بحصار امن بیهوشی متحصّن گردید بیت

چو شه خوابید دری این چنین سفت

قضا هم خنده زد هم آفرین گفت

در آن وقت محمّدصالح خان افشار ابیوردی که یکه‌تاز عرصهٔ دلاوری بود مانند اجل معلّقی نزدیک رسید دختر محمّدحسین خان سیاهی اورا دیده مرتعش دستی بپای شاه رسانید شاه سراسیمه از جا جسته هم آنزمان مشیر قدر زمان و پیر قضا آیهٔ کریمه یَا وَیْلَنَا مَنْ بَعَثَنَا مِنْ مَرْقَدِنَا بگوش هوش او خوانده از خواب غفلتش بر خیزانید چشم او بر صالح‌خان افتاد زبان بدشنام گشوده شمشیررا از غلاف کشیده و از جا برخاسته بسوی اجل دوید که پای او بطناب خیمه بند شده بر او در افتاد محمّدصالح‌خان پیش آمده شمشیری‌را بکتف او نواخته که یکدست او از بدن جدا شده بخاک مذلّت افتاد لراقمه

دستی که دست چرخ بدی زیر سنگ او
آخر زضرب دست یلی بر زمین فتاد

شاه‌را از افتادن دست در ارکان وجود شکست بهم رسیده بعجز در آمد صالح‌خان‌را بعد از زدن ضرب از سطوت شاهی دست او از کار و پای او از رفتار مانده زمین دوز بود که محمّدبیک قاجار افشار رسیده شاه‌را بخون غلطان و صالح‌خان‌را بحال خود گرفتار دید بجلدی پیش آمده سری که از بزرگی و عظمت و رفعت هم‌شأن آسمان و در محوّطهٔ امکان نمیگنجید بریده زردامان پنهان و از سراپرده بیرون آمد بمحمّدقلی‌خان و سرداران بجهت اخفای این راز بتفنگچیان زحل‌نشان که کسی‌را

Z. 6, sur 36, 52.

Z. 13, فتاد nach dem Metrum; die Hds. hat افتاد.

از محلّ کشیك بیرون رفتن و داخل شدن ندهند اگر کسی بنظر آید بضرب گلولهٔ جانسوز از پای در آورند که تا صبح طلوع نکند این خبر انتشار نیابد که بر سر لشکر افاغنه و اوزبیك بیخبر تاخت آورده توطئهء مکنون ضمیر آنها بسهولت از این طرف بالعکس بعمل آید چون این امر عظیم در مشیّت ایزدی تعلّق نگرفته و تأخیری در قلع و قمع آنها بود لهذا تدبیر دلاوران و شیرصولتان محفل مشورت با تقدیر موافقت نکرده خبر قتل شاه سامعه‌افروز سرداران و سپاه جماعهٔ مذکوره گردید هرچند صدق و کذب بر ایشان معلوم نبود لکن رویّهٔ حزم‌را از دست نداده شباشب سنگین باررا ریخته و اسباب خوب و اسرای مرغوب‌را حمل شتران و بار برداران کرده بسمت قندهار روانه و خودها بجمعیّت خود که قریب سی‌هزار سوار جرار بودند برای تحقیق این امر بانتظار فردا شب‌را بروز کردند در دمیدن صبح صادق دلاوران رای دوشینه‌را با طمع تبدیل کرده در فکر خزانه و جواهرخانه افتاده منع محمّدقلی‌خان و سرکردگان عنان‌داری توسن خواهش ایشان نکرده فرقهٔ خودرا بسراپرده و جمعی بخزانه و دسته بقچی‌خانه رسانیده به نهیب و غارت مشغول گردیدند و محمّدقلی‌خان باستصواب سرداران سر شاه بمصاحبت معتمدی بخدمت علیقلی‌خان فرستاد و جماعهٔ افاغنه کسی‌را فرستاد که تحقیق این مراتب نموده بایشان اطّلاع دهد بعد از استماع خبر باز متقاعد نشده من حیث المجموع با جمعیّت سواره به نزدیك سراپرده آمده قتل شاه بر آنها محقق گشته از ترس شمشیر کج بیلان قزلباش کرّ و فرّی بعمل آورده

بطرف قندهار با احمدخان ابدالی که یساول حضور نادری و از بزرگزادگان افغان بود توسن گریزرا مهمیز زده بدر رفتند و لشکر قزلباشیه بفکر غارت اسباب کارخانهٔ پادشاهی افتاده جمعی دیگر یکدیگررا برهنه نموده هر فرقه بطرف اوطان خود مرکب خودسری جلوه داده جلوریز مرحله‌پیما گشتند الغرض قریب به چهار ساعت از روز مذکور گذشته بود که اثری از خیمه و خرگاه و اثاثهٔ پادشاهی بر جا نمانده تمامی متفرّق و معدوم و مفاد کریمهٔ کُلُّ مَنْ عَلَيْهَا فَانٍ بظهور پیوست و فردوسی نادرشاه نادرشاه‌نامه باین ابیات اختتام رسانیده بیت

سر شب سر قتل و تاراج داشت
سحر که نه تن سر نه سر تاج داشت
بیک گردش چرخ نیلوفری
نه نادر بجا ماند و نی نادری

در بیان سلطنت علیشاه و انجام کار او

شخصی که محمّدقلیخان و سرداران با سر شاه بخدمت علیقلیخان که در هرات میبود فرستاده بودند رسیده سررا از نظر گذرانیده چون علیقلیخان یکران مرادرا در زیر دوران دید مسارعت ورزیده وارد مشهد مقدّس نوّاب میرسیّدمحمّد متولّی روضهٔ مقدّسه ابن میرزا داود که از طرف والدهٔ ماجدهٔ شاهزاده و در انوقت در مشهد مقدّس بود نوازش فرموده بدستور بخدمت تولیت و صدارت کلّ ممالک

Z. 8, sûre 55 v. 26.

محروسه مقرّر و سهراب خان غلام خودرا با طایفهٔ بختیاری و جمعی دیگر بر سر کلات که از غرایب امکنه روی زمین و جبال محیط آن مکان وسیع‌البنیان در رفعت وبلندی سر سپهر بر این کشیده که طایر تیزپر گلستان جهان رسیدن بقلّهٔ آنجبل امر محال میداند فرستاده و وسعت فضای آن هجده فرسخ است که هر فرسخی بحساب اهل هندوستان دو نیم کوس است و نهرهای جاری و چشمهاء روان و اسیاهای متعدّد در آن میباشد و بسبب وسعت مکان سکنه آنجارا زراعت کردن شاید و نادرشاه در ایّام سلطنت سنگتراشان چابکدست فرهاد رقم از جمیع ممالک محروسه احضار و بتراشیدن و هموار نمودن بلند و پست آنکوه آسمان‌شکوه مقرّر و جمعی دیگر از ملازمان حضوررا بر ایشان گماشته که دقیقهٔ آنهارا بیکار نگذاشته روز مرّه حقیقت کاررا بعرض رسانند چنانچه پنج سال متوالی مامورین بخدمت مقرّره قیام نموده اطراف کوهرا بحدّی صاف و هموار نموده بودند که کارپردازان شخصی‌را میفرستادند که از سر کوه آرد بر بدن کوه بریزند که اگر ناهمواری معلوم شود هموار نمایند و در وقت ریختن همهٔ آن آرد بر زمین میریخت که یک مثقال از آن بکوه نمیچسپید و اگر احدی از چهار طرف جای پیدا میکرد که کسی ناخنی بند تواند کرد پنج تومان از سرکار شاهی باو انعام میدادند و مابحتاج آن حصن حصین و قلعهٔ خداآفرین‌را نادرشاه از جمیع اشیا از ازوقه و ضروریات

Z. 20, die Hds. hat: مابحتیاج; siehe dazu in der Einleitung.

و آنچه بخیال برسد از هرچیز صدهزار بمرور ایّام در آن مکان جمع نموده که هیچ چیز به بیرون احتیاج نباشد حتّی صدهزار دستهٔ سوزن و صدهزار نیزهٔ قلم و صدهزار دستهٔ کاغذ از هر قسم مهیّا بود و همچنین آنچه از اسباب پادشاهی از جنس مأکول و ملبوس و مشروب و سرانجام قلعه‌داری و خزانه و جواهر و طلا و نقره و تحایف هندوستان و فرنگ و روم و سایر بلاد که در ایّام سلطنت بتصرّف آورده بود در قلعهٔ موصوف گذاشتند و برای هر جنس مستحفظان جدا مقرّر کرده که بمحافظت قیام نمایند نصرالله‌میرزا و سایر شاهزادگان با لواحق چندی قبل از این بقلعهٔ موصوف فرستاده که در آنجا باشند و فی الواقعه اگر لشکر روی زمین خواسته باشند که آن حصن حصین بزور بازوی مردی و دلیری بگیرند امریست محال بهر صورت ورود لشکر علیقلی‌خان به نزدیک قلعه از اتّفاقات مستحفظین برجی از بروج کلات نردبانی در خارج حصار گذاشته از نشیب و فراز اقبال بیخبر بوده که مامورین پی باین معنی نبرده علی الغفله بپای مردی بمعارج همّت بر شرفات مقصود صعود نموده

Z. 13, ورود الخ. Von hier ab wieder = Târ. Nâd. Vergl. zu pag. ۱۳. Bei Mirzâ Mehdî schliesst sich die Erzählung der Einnahme von Kilât fast unmittelbar an die der Ermordung Nâd.

Z. 14, از اتّفاقات الخ. Diese Stelle ist nach dem Târ. Nâd. so zu ergänzen: از اتّفاقات .... گذاشته از آنجا آب برای خود میاوردند غافل شده نردبانرا در همان مکان گذاشته الخ.

Z. 16, die Hds. hat unmögliches مصعود. Richtig in den mss. des Târ. Nâd.

داخل قلعهٔ کلات وآن حصن حصین و قلعهٔ خداآفرین‌را که از غرایب امکنه روی زمین است تصرّف نموده نصراللّه‌میرزا و امامقلی‌میرزا پسران نادر شاه و شاهرخ‌میرزا هر یك بر اسپی سوار و بجانب مرو فرار نمودند کاظم‌میرزای برادر علیقلی‌خان که در آن وقت در کلات میبود تا خارج کلات بتعاقب شاهزادگان پرداخته چون بایشان نرسیده بود مراجعت نمود و دوست‌محمّد چپچه که توپچی نصراللّه‌میرزا بود تعاقب نموده بامامقلی‌میرزا ولد نادرشاه و شاهرخ‌میرزا رسیده از سه فرسخی بر گردانیده و قربانعلی نام خویش خودرا متعاقب نصراللّه‌میرزا فرستاد نصراللّه میرزا شمشیرکاری به قربانعلی زده اورا از اسپ انداخته خود بدر رفت جمعی از قراولان مروی در راه بحضرت میرزا برخورده اورا گرفته بکلات آوردند رضاقلی‌میرزارا با پانزده نفر از اولاد و احفاد خورد و بزرگ که در کلات بودند حسب الحکم علیقلی‌خان بزاویهٔ عدم فرستاده نصراللّه میرزا و امامقلی‌میرزا بارض اقدس آوردند و برادران‌را در مشهد مقدّس علیقلی‌خان مقتول و شاهرخ‌میرزا که در آن اوان چهارده ساله بود مخفی در ارك مشهد مقدّس محبوس ساخته خبر قتل اورا منتشر ساختند منظور علیقلی‌خان اینکه اگر اهالی ایران شاه سلطان حسین خواسته باشند شاهرخ‌میرزارا برای سروری در دست داشته باشد بعد از انجام کار شاهزادگان دیده و دلرا

Z. 5, so nach Târ. Nâd. ms. hat نمیبود.

Z. 7, Târ. Nâd.: قوشچی‌باشی.

Z. 11, مروی nach Târ. Nâd. Es fehlt in der Hds.

Z. 14, Târ. Nâd. hat: دو برادران‌را.

فروغ و فراغ بخشیده در بیست وهفتم جمادی الثانی آن سال در ارض اقدس جلوس کرده خودرا علیشاه ملقّب بعادل شاه کرده سکّه و خطبه بنام خود جاری ساخت و در آن تاریخ پانزده کرور از نقد مسکوک که هر کروری پانصد هزار تومان باشد در خزاین کلات موجود بود سوای جواهرخانه و باقی تحایف و نفایس که فزون از حساب و قیاس محاسبان وهم و اندیشه بود علیشاه تمامی نقود و اسباب و اثواب جواهرخانهٔ نادری‌را از کلات حمل و نقل مشهد مقدّس نموده دست به تبذیر و اسراف گشوده پی مصرف بوضیع و شریف بر افشاند نقرهٔ خام‌را ببهای شلغم پخته و گوهر شاهوار‌را بجای سنگ و سفال بخرج داده حسن‌علی‌بیک معیّرالممالک‌را با سهراب خان غلام نظام بخش کارخانهٔ سلطنت ساخته و خود بعیش و عشرت پرداخت و ابراهیم برادر خودرا که از او کوچکتر و از برادران دیگر بزرگتر بود سردار و صاحب اختیار عراق و اصفهان نموده رخصت فرمود امیرخان ولد یاربیک‌خان توپچی‌باشی توپخانهٔ نادری‌را با خزانه و لشکر بجهت حفاظت توپخانه و قورخانه که در قلعهٔ کرمانشاهان میبود مامور فرمود و در آن اوان اختیار آن ملک و قلعه و توپخانه در دست میرزا محمّدتقی بود امیرخان خلعت لایق و رقم شاهی بدین مضمون که بدستور سابق مختار و با امیرخان

Z. 6, Târ. Nâd. hat: فزون hinter اندیشه; sonst ebenso.

Z. 8, تبذیر nach Târ. Nâd. Emîn hat تذویر.

Z. 15, امیرخان الخ: die folgenden 6 Zeilen rühren von Emîn her; sie fehlen bei Mîrza Mehdî.

متفق بوده در هر امور موافق باشند حاصل نموده همراه برد در آن اوقات تمام ایلات از افشریه و سایر طوایف عراق و آذربایجان و جماعهٔ بختیاری که نادرشاه کوچانیده در محالّ خراسان سکنا داده بود فرصت یافته کوچیده روانهٔ اوطان خود شدند و اکراد خبوشان بعد از آنکه مطایای حرص و آزرا گرانبار نفائس نمودند رو از علیشاه بر تافته بنای مخالفت گذاشتند علیشاه بر سر خبوشان رفته ایشانرا منبع ساخت و بسبب شدّت قحط غلای خراسان از آنجا عازم مازندران و در ورود بدار المرز محمّد حسن‌خان قاجار ولد فتحعلی‌خان که بعد از قتل پدر دوازده سال مرحلهٔ زندگانیرا طی کرده مستلزم رکاب نادری بود و از نادرشاه مخوف شده از لشکر گریخته بدشت قبچاق بـه نزد بکنج خان سرکرده و صاحب اختیار جماعهٔ یموت رفته در آنجا میبود از ورود علیشاه بمازندران مطّلع شده خودرا بخدمت علیشاه رسانیده مورد نوازشات بی‌اندازه و بخلعت پوشاک خاصّ و عطای صدق مروارید دوز شاهی اختصاص یافته برتبهٔ بلند سرداری و صاحب‌اختیاری کلّ مازندران سرافراز گردید محمّدعلی‌خان شامبیاتی که یکی از کردگان عظیم‌الشأن و با محمّدحسن‌خان معاند بود از گرمی نوازشات و التفات شاهانه داغ رشک بر دل حسد نهاده برای دفع محمّدحسن‌خان تمهیدی برانگیخته در جزو بعلیشاه عرض نمود که محمّدحسن ولد

Z. 8, Von hierab eigener Bericht des Emîn.

Z. 12. بکنج so nach Khelîl. Emîn hat undeutlich punktiert.

فتحعلی‌خان است و فتحعلی‌خان‌را نادرشاه در اوایل حال پیش از تقرّر امر سلطنت بقتل رسانیده است و محمّدحسن‌خان در صغر سنّ که ملازم رکاب شاهی بود از لشکر گریخته بدشت قبچاق رفته و جماعهٔ یموت و گوکلان‌را که دو تیرهٔ عظیم اند با بعضی از قاجاریه با خود متّفق ساخته چندین مرتبه با جناب نادری در مقام مجادله و مخاصمه برآمده چون منشیان کارخانهٔ تقدیر توقیع رفیع فتح و ظفررا بنام نامی نادری در معارک جهان بر صفحهٔ هستی ثبت نموده بودند تاب مقاومت نیاورده بمضمون الفرار مِمّا لَا یُطَاقُ مِنْ سُنَنِ المُرْسَلِینَ فراررا بر قرار اختیار مینمود الحال که از تائیدات قاآنی بدون سعی و کوشش و کشش مانند صید اجل گرفته بپای خود بدام افتاده اورا رها کردن و مطلق العنان ساختن از ضابطهٔ حزم و رویّهٔ عزم دور و خلاف امر سلطنت و جهانداریست بمضمون قتل المؤذی قبل الایذأ عمل نمودن بصلاح و صواب اقرب و انسب خواهد بود علی‌شاه سخن اورا مقرون بصدق انگاشته بقتل او مصمّم شد شخصی از پیش‌خدمتهای حضور شاهی همانوقت این ماجرارا گوش‌زد محمّدحسن‌خان نمود خان موصوف بمجرّد استماع ماندن در لشکر اصلاح ندانسته اوّل شب از لشکر برآمده خودرا بکنار آب گرگان رسانیده از آب گذشته و خودرا بدشت قبچاق بمیان جماعهٔ یموت رسانید مبنیان لشکر این خبررا بعرض علی‌شاه رسانیدند نزدیک صبح علی‌شاه با دوازده هزار سوار جرار خون‌خوار یکه گزین از عقب خان موصوف ایلغار نمود محمّدحسن‌خان و جماعهٔ مزبوره از عروج اقبال بیخبر و این معنی پیرامون

خاطر ایشان نمیگذشت که علی‌شاه بغوای معاندین فی قلوبهم مرض متوجه این دشت پر خطر گشته با جماعهٔ موصوف که یاجوج و ماجوج مفسدون فی الأرض معرکه‌آرا گردد که علی الغفله علی‌شاه با سپاه نصرت‌پناه بسروقت آنها رسیده فرصت مقابله و مجادله نداده اکثری‌را طعمهٔ شمشیر آبدار و سلك جمعیت آنهارا بنات‌النعش‌وار از هم پاشیده دوابّ و اغنام و اموال و اثواب و نسوان زیاده از حدّ بتصرّف غازیان نصرت‌نشان درآمده للحق چنین دست‌برد نمایانی از هیچ پادشاهی و در هیچ ایّامی اتّفاق نیفتاده بود محمّدحسن‌خان و جماعهٔ مذکور بسمت دشت فرار و سلطان‌علی‌شاه ارادهٔ تعاقب آن طایفهٔ دیوخصلت نمود محمّدعلی‌خان شام‌بیاتی و سرکردگان دیگر که در حضور بودند بعرض رسانیدند که تعاقب نمودن این طایفهٔ شیطان‌صورت در این دشت بی فایده و بی اثر و سوای ندامت و پشیمانی ثمری نخواهد بخشید و بسبب بی‌آبی یك نفر بسلامت نخواهد ماند

همین مرحل است این بیابان دور
که گم شد در او لشکر سلم و تور

از سخنان سرکردگان سلطان‌علی‌شاه متقاعد شده بمازندران معاودت نمود در درود بدارالمرز پی در پی خبر طغیان و خودسری

Z. 2, Korân sûre 2, Vs. 9.

Z. 3, sûre 18, Vs. 93.

Z. 9, die Hds. hat hier, wie öfters, falsch حسین.

Z. 16—17, Ḥâfiẓ, Mughanni-Nâme, ed. Brockhaus, vs. 41.

ابراهیم‌خان و بقتل رسانیدن سهراب‌خان‌را چاپاران بعرض رسانیدند روز دیگر خبر رسید که ابراهیم‌خان پنجهزار سوار افغان بسرکردگی محمّدخان افشار و سرکردگان دیگر بکرمانشاهان فرستاده که قلعه و توپخانه و امیرخان توپچی‌باشی‌را از روی صلح یا جنگ بدست آورده قلعهٔ مذکوررا بتصرّف در آورند

توضیح این مقال سلطان‌علی‌شاه از مشهد مقدّس امیرخان ولد یاربیک خان توپچی‌باشی عرب میش‌مست که در رکاب بود قامت قابلیتش‌را بخلاع فاخره زینت بخشیده بعلاوهٔ منصب توپچی‌باشی‌گری بحکومت کرمانشاهان سرافراز و هشت هزار سوار از رکاب و پنجاه هزار تومان زر مسکوک از خزانه با او همراه نموده روانهٔ کرمانشاهان که سرحدّ ایران و بخاک روم متّصل است نموده که توپخانهٔ نادری‌را در قلعهٔ کرمانشاهان که زیاده از هزار پانصد توپ کلان و نیم‌کلان و بادلیج و بقریب ششصد خمپاره کلان که شصت من تبریز کلوله هر خمپاره است و جباخانه و قورخانه و شش‌هزار خروار باروت که هر خرواری یکصد من تبریز است و اسباب یورش و سایر سرانجام قلعه‌گیری و غیره که نادرشاه [که] برای سفر مملکت روم مهیّا کرده و در آن قلعه بسبب قرب جوار گذاشته بود متوجّه شده و به ترمیم قلعه و غیره غزاوه‌های توپ و سایر امورات پرداخته مترصّد حکم مجدّد باشد امیرخان موصوف حسب الحکم با سرانجام و خزانه و لشکر وارد کرمانشاهان و نشیمن‌را در قلعهٔ مذکور مقرّر کرده بخدمت مأموره قیام داشت و میرزا محمّدتقی برای اجرای امور ملکی در شهر قیام میفرمود ابراهیم‌خان برادر سلطان‌علی‌شاه که

از مشهد مقدّس بسرداری عراق از حضور شاهی رخصت انصراف یافته در ورود باصفهان بسبب قتل شاهزادگان که بنی‌اعمام او بودند از برادر بسیار مخوف و هراسان و از تقرّر سرداری عراق بیرون آمدن از مشهد مقدّس‌را حیات دوباره تصوّر کرده در جزو با سرکردگان بنای سازش گذاشتند جمعی‌را با خود همداستان کرده علم خودسری و طغیان افراشت سلطان‌علی‌شاه بر فساد ضمیرش مطّلع گشته در باب دفع فساد او با معیّرالممالک باب مشورت گشاد حسن‌علی‌بیک معیّرالممالک چون سهراب‌خان‌را در کارخانهٔ سلطنت محلّ کار خود میدانست برای آوردن ابراهیم‌خان اورا تجویز و شاه والاجاه سهراب‌خان‌را برای آوردن برادر باصفهان فرستاد در ورود او باصفهان ابراهیم‌خان لازمهٔ سلوک مسلوک داشته در ظاهر برای رفتن خدمت برادر قبول نموده و باطناً بقتل او مصمّم و منتظر فرصت میبود تا روزیکه سهراب‌خان‌را تنها در حمّام یافته غافل جمعی‌را فرستاده اورا در حمّام مقتول ساخته و همآنوقت محمّدخان افشاررا با هشت هزار سوار قزلباش

Z. 8, حسن‌علی‌بیک الخ ; der folgende Satz ist von Mîrzâ Mehdî Khân entlehnt. Dort folgt dieser Satz fast unmittelbar auf die Schilderung der Bestrafung Khebûšân's (in unserem Werke p. ۲۶, cf. die Anmerkung dazu). Im Folgenden ist die Darstellung Emîns wieder viel ausführlicher.

Z. 8, Târ. Nâd. وجود statt چون.

Z. 15, die Einzelheiten bei der Ermordung des سهراب‌خان hat Mîrzâ Mehdî nicht; cf. dazu auch Olivier, Voyage dans l'Empire Ottoman III, 259—260. Hier beginnt wieder ein eigener Bericht Emîns.

Z. 15, هزار fehlt in der Handschrift.

و افغان بکرمانشاهان فرستاد که بجنگ یا صلح امیرخان و میرزا محمّدتقی‌را با خود متفق کرده توپخانه و قلعه‌را بتصرّف خود آورند محمّدخان افشار با قوشون فرستادهٔ ابراهیم‌خان بکرمانشاهان رسید امیرخان سبب آمدن محمّدخان‌را دریافت نموده لشکر متعیّنهٔ قلعه و فوج پادشاهی‌را با استعداد تمام با دوازده ضرب توپ جلو برداشته از قلعه برآمده نزدیک شهر کرمانشاهان صفوف قتال و جدال آراسته لشکر خودرا هشت تیپ نموده و خود در قلب قرار گرفت چرخچیان از دو طرف بمیدان‌داری مشغول و صدای توپ و تفنگ عرصهٔ میدان‌را فرو گرفتند محمّدخان خود با پنج نفر سوار از عقب تپه که در پشت لشکر امیرخان اتّفاق افتاده بود رفته غافل خودرا نمودار کرده فوج امیرخان‌را بخاطر رسید که فوج محمّدخان عقب فوج‌را گرفته کار مشکل شد همگی بطرف محمّدخان متوجّه شدند چرخچیان فریقین که در معرکه قتال بنوک سنان جان‌ستان یکدیگررا از خانهٔ زین جدا نموده بخاک هلاک میافکندند از حرکت محمّدخان مطّلع شده این حرکت باعث تقویت فوج ابراهیم‌خان و دلشکستگی قوشون امیرخان گردید قراولان محمّدخان شبگیر شده بیکبار تاخت بر قراولان امیرخان آورده آنهارا از پیش برداشته داخل تپّه نمودند و لشکریان دیگر یکبار بر فوج قلعه یورش آورده هر چند گلولهٔ توپ و تفنگ از هر چهار طرف برای سدّ راه ایشان میباجی شده ریزش نموده بجای نرسید در حملهٔ اوّل پای ثبات قلعگیان لغزش نموده سلک جمعیّت آنهارا از هم پاشیده فرار و تا پای خندق جای قرار نگرفتند لشکر ابراهیم‌خان

توپخانه‌را تصرّف نموده مظفّر و منصور گشته چون این مقدّمه در بیرون شهر اتّفاق افتد لشکریان از منع سرداران متقاعد نشده جلوریز بشهر داخل شده بعضی از سکنهٔ شهر و متردّدین نهیب و غارت نموده معاودت ببونهٔ خود نمودند و بیست روز دیگر در آن مکان برای تسخیر قلعه و بدست آوردن امیرخان توقّف نمودند چون تسلّط این امرا در حوصلهٔ خود ندیده به نزد ابراهیم‌خان مراجعت نمودند بعد از رفتن آنها سرداران و خوانین قلعه به نزد امیرخان آمده اورا تکلیف رفتن بخدمت ابراهیم‌خان نمودند امیرخان دریافت نمود که اگر در رفتن ابا نماید اورا گرفته مقیّد و محبوس خواهند برد لاچار قبول نموده با میرزا محمّدتقی مصلحت کرده قلعه و غیره‌را بایشان سپرد و دست عبدالعلی‌خان‌را گرفته بدست ایشان داد از طرف خود عبدالعلی‌خان بنی‌عمّ خودرا نایب و با هزار نفر تفنگچی پیاده و پانصد سوار در قلعه گذاشته و خود باتّفاق سرکردگان و لشکریان از قلعه برآمده روانهٔ خدمت ابراهیم‌خان شدند سرکردگان برای ظهور حسن خدمت در یکمنزل امیرخان‌را گرفته محبوس و به نزد ابراهیم‌خان موصوف بردند ابراهیم‌خان اورا از قید خلاص نموده و بخدمت توپچی‌باشی‌گری بدستور مقرّر و در نزد خود نگاه داشت و از ترس سلطان‌علی‌شاه در یک جاه قرار نگرفته بسمت آذربایجان گریخت در آن وقت امیراصلان‌خان عمّ‌زادهٔ نادرشاه که از شجعان روزگار و بجلادت و تهوّر مشهور و معروف و در خصم‌افگنی ثانی رستم و حسب الحکم حضرت نادری سرداری کلّ آذربایجان باو تعلّق داشت و

سی هزار قوشون مستعد گردیده جنگ آزموده در رکاب او و در کمال استقلال و جاه و جلال در شهر تبریز بحکمرانی اشتغال داشت ابراهیم خان از باب استئمان بر آمده یکنفر از معتمدان خودرا بچاپاری به نزد او فرستاده و حقیقت احوال خودرا باو اطّلاع داده در خواست نمود که اگر در این وقت از طرف آن عالیجاه که بجای عمّ خود میدانم استمداد و اعانت و دستگیری نشود مرا تاب مقاومت با غازیان سلطان علی شاه و ملجاء دیگر ندارم امیر اصلان خان فرستادهٔ اورا رخصت نموده پیغام داد که خاطر خودرا جمع دارند که ببدرقهٔ لطف الهیّ با دریای لشکر خون خوار خودرا رسانیده دفع شرّ اشرار خواهم کرد و سرداران لشکر خودرا طلبیده بکوچ امر فرمود و باستعجال ایلغار کرده بابراهیم خان ملحق گردید و سلطان علی شاه از استماع این اخبارات موحش برای تنبیه ابراهیم خان و سایر مفسدان از مازندران با هفتاد وپنج هزار سوار جرّار و توپخانهٔ بسیار کوچیده بعد از طی مراحل مابین سلطانیه و زنجان تلاقی فریقین اتّفاق افتاده از طرفین صفوف قتال وجدال آراسته ابراهیم خان نقشی که شفیعهٔ ابرو در اصفهان در ابتدای خودسری و طغیان برای فتح باو داده بود که در روز جنگ بر سر علم بسته رو بروی مخالف نگاه دارند بموجب تعلیم نقش مذکوررا بر سر علم نصب نموده مقابل لشکر علی شاه داشت بمجرّد این عمل نصف لشکر خود بخود متفرّق و سلطان علی شاه

Z. 1, در رکاب او sic!

Z. 15, ms. سلطان و زنجانیه.

با چند نفر از غلامان که همراه بودند در مقام منع و برگردانیدن آنب برآمده سودی نه بخشیده فایده بر آن مترتب نگردید غضب بر او مستولی شده با چند نفر غلام که همراه او بودند می بر تکاور زده خودرا بمیان آن لشکر خونخوار انداخته هر جوان زره‌پوش‌را که در نظر میآورد شمشیری در کر او میکرد که مانند خیار اورا دو نیمه کرده بکار دیگری میپرداخت تا بیست نفر از جوانان نامی‌را بقتل رسانیده و با همان غلامان از میان لشکر بیرون آمده بسمت طهران گریخت ابراهیم‌خان و امیراصلان‌خان جمع اسباب و اثاثهٔ پادشاهی‌را با توپخانه و خزانه بدست آورده متصرف و پنج هزار سوار جرار کینه‌خواه برای گرفتن سلطان‌علی‌شاه متعاقب فرستادند سواران مذکور در طهران بشاه نخسپه رسیده اورا گرفته مقید و بلشکر ابراهیم‌خان آوردند ابراهیم‌خان در خیمهٔ خلوت اورا دو سه روز مقید داشته بعد جرارباشی‌را شب فرستاده دیدهٔ جهان‌بین اورا از حدقه برآورد و سلطان‌علی‌شاه جوانی بود بیست و پنج ساله در کمال شجاعت و سخاوت و نهایت صباحت منظر و زور بازوی او بمرتبهٔ بود که مجمعهٔ مسی‌را مانند کاغذ بر هم پیچیده و مثل کرپاس خم از هم میدرید و مکرر دیده اند که گلهاء قنی‌را بدو انگشت بدون رنج وتعب کنده بدور میافکند و هر صبح که در سینی طلا یا نقره ناشتا برای او میآوردند خود با مردمان در گفتگو بود و دست او در سینی در حرکت تا تمام سینی‌را ریزه ریزه کرده غلامان بر داشته حوالهٔ زرگرخانه میکردند که باز بسازند و در زرگرخانه چند نفر بساختن همین امر مامور بودند چون

ابراهیم‌خان از طرف شاه مذکور خاطر جمع نموده امیراصلان‌خان‌را با جمعیّت روانهٔ تبریز و خود با استعداد تمام روانهٔ همدان شد چون در مقابل او دیگری نبود بفکر خودسازی افتاده از امیراصلان‌خان که در آذربایجان کمال تسلّط و اقتدار کامل داشت مخوف متوهّم بود میدانست که با اقتدار امیراصلان‌خان که بتدابیر او کاری نخواهد ساخت و هیچ اثری از او پیش رفت نمیشود لهذا بفکر دفع امیر موصوف افتاده عازم آذربایجان گردید بعد از حرکت از همدان امیراصلان‌خان نظر بجلادت و جمعیّت خود ابراهیم‌خان‌را بنظر نیاورده او هم از تبریز بعزم گرفتن و بر هم زدن ابراهیم‌خان حرکت در حوالی مراغه سه منزلی تبریز تلاقی فریقین شده ابراهیم نقشی که سابقًا شفیعا داده بود بر سر علم بسته مقابل امیراصلان‌خان آمده قوشون امیراصلان‌خان بمجرّد دیدن علم جمعی کثیر از لشکر جدا شده بقوشون ابراهیم‌خان ملحق و امیراصلان‌خان بعد از وقوع این امر شکست خورده برهنمای کاظم‌خان قراچه‌داغی خودرا بکوهستان قراچه‌داغ کشید و در آنجا کاظم‌خان اورا به بهانهٔ ضیافت طلبیده دستگیر کرده بنزد ابراهیم‌خان آورد و ابراهیم‌خان اورا با ساروخان برادرش بقتل رسانیده و بعد از این اقتدار

Z. 15, برهنمای آلخ Von hier ab wieder wörtliche Übereinstimmung mit dem Târ. Nâd. Die im vorigen geschilderten Ereignisse erwähnt Mîrzâ Mehdî ganz kurz, und zwar in anderer Reihenfolge: das Bündnis Ibrâhîms mit Emîr Aslân; die Einnahme von Kirmânšâhân; den Zusammenstoss mit ʿAlî Šâh.

كلّى بهم رسانيده جمعيّت بى نهايت انعقاد داده چنانچه عدّت لشكرهايش بيكصد و بيست هزار كس ميرسيد مدّت شش ماه در تبريز بود كه خبر آمدن شاهرخشاه رسيد چون شمع دولت عليشاهى از ظهور صبح كاذب شوكت ابراهيمخانى سر بگريبان نيستى كشيد چراغ ابراهيمخان آغاز خانهٔ روشنى كرده و كواكب بختش هم صباحى مانند ستارهٔ سحرى بنياد درخشيدن نمود حسينميرزا برادر خودرا سردار و صاحباختيار خراسان كرده باتّفاق قديمى خود و محمّدرضاخان قراچورلو بخراسان فرستاده شهرت داد كه پادشاهى و استحقاق متعلّق بحضرت شاهرخى است و اورا بغير از خدمت و انقياد تمكّن آن حضرت در امر سلطنت منظور ديگر نيست شاهزاده بسمت عراق توجّه نموده اورنك سلطنترا بجلوس همايون زينت بخشد مقصودش اينكه در لباس اين تلبيس خزاين مشهد مقدّسرا نقل عراق نموده و قلوب اهل خراسانرا بجانب خود مايل ساخته درّ يتيم صدف جهنبانىرا باين وسيله بدست آورده نابود سازد خوانين اكراد و رؤسا و عموم اهالى خراسان بعد از ورود حسينبيك جواب دادند

Z. 2, Târ. Nâd. لشكريانش.

Z. 4, Ms.: عالى.

Z. 8, Târ. Nâd. hat hinter باتّفاق den Namen علىنقىخان, der auch hier zu fehlen scheint.

Z. 9, Die Hds. hat hinter پادشاهى ein باث (sic!), was im Târ. Nâd. fehlt.

Z. 11. Târ. Nâd. منظورى نيست.

Z. 15, خوانين اكراد so nach Târ. Nâd. Die Hds. hat خوانين و اكراد.

که نهضت شاهرخی بجانب عراق لزومی ندارد و در خراسان جلوس واقع شد اگر ابراهیم‌خان بر عقیدهٔ خود صادق است طریق موافقت سپرد جلوس شاهرخشاه بر تخت سلطنت و وقایع آن ایّام پس همگی باین معنی همداستان شده شاهرخشاه‌را از ارک بر آوردند شاهزاده از قبول امر سلطنت تحاشی کرده در مقام اباء و امتناع بر آمد خوانین روضهٔ رضیهٔ رضویه جمعیّت نموده عهد و پیمان‌را بقسم مؤکد ساخته همگی دست بیعت دادند شاهرخشاه مقلّد امر پادشاهی گشته در هشتم شهر شوال سنه ۱۱۶۱ در ارض اقدس میمنت مأنوس بر تخت سلطنت موروثی جلوس نموده سلطان اعظم تاریخ آمد

ذکر سلطنت ابراهیم‌خان و مال کار او

ابراهیم‌خان بعد از استماع این خبر در هفتدهم ذی حجّه ان سال در تبریز بمخالفت بر خاسته بر وسادهٔ سلطنت نشست و بنقد قلب سکّهٔ شاهی بنام خود زد چون برادرش مانند نسیم در افشاندن زر و سیم باد دستی کرده بعطای آلاف و الوف هر بی‌سروپای تنک‌مایه‌را صاحب سرمایه ساخت و این‌را کرم نامید و ابراهیم‌خان بساط دیگر گسترده سفال تنک‌ظرف‌را چینی خور خوان احسان و اسم خانی و صدرنشین پشت بام

Z. 3. Die Capitelüberschrift fehlt im Târ. Nâd.

Z. 10. Târ. Nâd. hat. سلطان اعظم تاریخ جلوسش آمد.

Z. 12. Die Hds. hat. هفدم.

رعونت و حکمرانی ساختند صاحب منزلت و پایه ساخت و این‌را تألیف قلوب اسم گذاشتن بیت چون علم هر بی‌اصولی مالك پیرایه شد همچو منبر هر جمادی بود صاحب پایه شد از آذربایجان با جمعیّت موفور بعزم معارضه عازم خراسان گشته مهدی‌خان افشاررا با سی هزار سوار در تبریز گذاشته بسرداری کلّ آذربایجان و حکومت آن دیار بر قرار و میرسیّدمحمّد متولّی روضهٔ مقدّسهٔ مشهد مقدّس‌را با پنج هزار سوار بدار المومنین قم بجهت سدّ رودخانهٔ قریب شهر که همه اوقات باعث حیرانی صحن مقدّسهٔ معصومه و بلدهٔ طیبه میگردید و ترمیم حصن شهر و ارك و دریافت محاسبه از عمّال عراق مامور و روانه نمود و میرزا محمّدتقی‌را بخدمت وکیل الدوله مقرّر و این راقم‌را بخدمت وزارت کرمانشاهان سرافراز فرمود و رقم بگلربیگی‌گری بنام عبداللّه‌خان مع خلعت لایق مرحمت نموده رخصت بسمت کرمانشاهان فرمود بعد چند ایّام خود هم در کمال استعداد از تبریز حرکت و بدار المومنین قم وارد و سلطان‌علی‌شاه با متعلّقان حرم و بونه و اغراق لشکر و چند ضرب توپ و اسباب کارخانجات در شهر قم گذاشته و جمعی از لشکر قزلباشیه و افغان و اوزبك که عدّت آنها بسی و پنج هزار سوار میرسید بجهت حراست در آن مکان مقرّر نموده و خود رهگرای خراسان گردید و امیرخان توپچی‌باشی با توپخانه همه‌جا یکمنزل

Z. 1. Târ. Nâd. hat رعانت.

Z. 2, بی‌اصولی nach Târ. Nâd. für وصولی der Hds.

Z. 5, مهدی‌خان الخ Von hier ab eigner Bericht Emîns.

از لشکر در پیش میبودند در ورود بمنزل سرخهٔ سمنان امیرخان توپخانهرا در آن مکان چیده با لشکر متعیّنه و توپخانه بدستور مقرّر بمحافظت و حراست میپرداخت و جماعهٔ افغان و اوزبک بدستور ایّام نادرشاه بسبب اعتماد و سلوک ابراهیمشاه دست تطاول از آستین جلادت برآورده با عجزه و مساکین قزلباشیه در خفیه بجز و تعدّی سلوک مینمودند خوانین و سرداران لشکر قزلباشیه از این معنی ناخوش و از سلوک ابراهیمشاه باین دو فرقه متوحّش و بانتشار خبر اراجیف آمدن جناب شاهرخیرا با لشکر خراسان بسمع جماعهٔ افغان و اوزبک رسانیدند از استماع این خبر امیرخان و لشکریان و عملهٔ توپخانه بسبب عداوت با جماعهٔ افغان و ظهور حسن خدمت خود بدرگاه شاهرخی با ابراهیمشاه بنارا بر نفاق گذاشته مستعدّ حرب گردیدند ابراهیمشاه که یکمنزل از توپخانه در عقب بود رسید فرقهٔ قزلباش با سرداران خود در یک طرف و جماعهٔ افغان و اوزبک با سرکردگان خود از طرف دیگر و ابراهیمشاه خود در میان دستهٔ افاغنه جلو کشیده و با سرداران در تکلّم بود که امیرخان توپچیان جلادتنشانرا بشلیک توپخانه امر نمود توپچیان بفرمودهٔ امیرخان توپهارا باستقبال

Z. 1, در ورود آلخ von hier ab wieder gleich Târ. Nâd. Dort lautet der Text (cf. oben pag. ۳۸): عازم خراسان گشته

بنه و اغروق با علیشاه که مقیّد بود و همراه داشت به قم فرستاد . بعد از ورود ...... Es folgt eine ganz kurze Erzählung bis zum Tode Ibrâhîmšâh's, mit der das Târ. Nâd. dann abschliesst.

لشکر افغان و اوزبک راهنمای نرده منبارا بسر دوشی خزانه با توپ آشنا کردند مضمون مصرع مشهور که حرف سرکوشی جهانیرا بآتش میزنند فی الفور بوضوح پیوسته ارکن وجود جیوش بحرخروش افغان از غرش صدای و کلولهٔ توپ جان‌سوز توپچیان متزلزل و در جوش امده مفاد آیهٔ کریمهٔ رَعْدٌ وبرق يَجْعَلُونَ أَصَابِعَهُمْ فِي آذَانِهِمْ مِنَ الصَّوَاعِقِ حَذَرَ الْمَوْتِ بظهور رسید لشکر قزلباش که از سلوک فریقین بدمعاش چنین روزیرا تلاش داشتند هر فرقه با سردار خود کنکش نموده مرافقت ابراهیم‌شاهرا بر طاق نسیان گذاشته عزم اوطان خود گردیدند ابراهیم‌شاه با جماعهٔ اوزبک و افغان از برگشتن لشکر قزلباش جرأت و جلادت امیرخان و توپچیان تخیل جلوه کوکبهٔ شاهرخی و فوج خراسان افتاده مضطرب شده عطف عنان بصوب دار المومنین قم کرده توسن بی‌اقتداریرا در کمال احتیاط مهمیز گریز زده برگشت اللّه‌یارخان افغان و شاهین‌خان و جماعهٔ ایشان که قبل از این ابراهیم‌شاه برای محافظت کارخانجات و خزانه و اسباب و بونه در قم گذاشته بود از استماع بر گشتن جماعهٔ قزلباش و عداوت جبلّی در خفیه بآزار و سفک دم عجزه و مساکین میپرداختند و در ظهور این معنی اهالی قم حقیقت‌را دریافته بمیرسیّد محمّد متولّی که در آن وقت در قم میبود عرض نمودند میر عدیم النظیر مردمان‌را استمالت فرموده و جماعهٔ قزلباشیه‌را بمحافظت شهر امر نموده و پیغام

Z. 5—6, Korân sûre II, 18.
Z. 14, Die Hds. hat hier und im folgd: الديار?

باللهیارخان و سرداران افغان کرد که بودن شما در شهر مناسب نیست فرقهٔ قزلباش از شما ناخوش و در صدد اذیت میباشند با جماعهٔ خود در بیرون شهر بودن اولی و انسب و در صورت عدول از این امر مفسدهٔ عظیمرا مهیّا باشید اللهیارخان و شاهینخان بجوابهای درشت تکلّم نموده گفتند که ما دست از جواهرخانه و کارخانجات پادشاهی بر نخواهیم داشت و مستعدّ قتال و جدال میباشیم جماعهٔ قزلباش از شنیدن این سخن بر سر پرخاش آمده بیك بار بر سر آن جماعهٔ حقناشناس تاختن آورده عقد جمعیّت آنهارا از هم پاشیده اللهیارخان و سرکردگان افغان خودرا بر دروازهٔ شهر رسانیده بتلاش بسیار خودرا از شهر بیرون انداخته جان بمفتی بدر بردند میرسیّدمحمّد باستحکام سنگر و حراست لشکریانرا امر فرموده بعد از پنج روز ابراهیمشاه با عطاخان و عطامرادخان اوزبك و شهبازخان و بورلهخان افغان با جمعیّت چهل هزار سوار وارد دو فرسخی شهر و معتمدی از سرکردگان افغانرا برسم رسالت با مکتوب حقایق اسلوب به شهر به نزد میرسیّدمحمّد فرستاده در مکتوب مندرج نموده که جماعهٔ قزلباش نظر بسلوکی که با عمّ نامدارم کرده اند با ما نیز طریق نفاق پیش گرفته از راه نمك بحرامی بنارا بر مخالفت گذاشته بدون جهت متفرّق و جماعهٔ افغان و اوزبك به نحویکه در خدمت عمّم در کمال صدق و عقیدت میبودند هم بدستور این شیوهٔ مرضیّهرا مرعی داشته در خدمت

Z. 13, ms. hat سهباز خان (siehe die Einltg. pag. 12).

ما شرط موافقت و مرافقت بعمل آورده و میآورند چون ملازمان از خاندان علیه عالیه اند اصلح آن است که از ملاقات خود مارا مسرور نموده بصلاح و صوابدید یکدیگر به تمشیت امور مملکت و رعیت و لشکر بپردازیم سرداران قزلباشیه و ریش‌سفیدان و اهالی قم بعد از اطلاع بر مضمون مکتوب بعرض جناب میرسیدمحمد رسانیدند که در این وقت تشریف بردن آن جناب صلاح نیست هر گاه ابراهیم‌شاه خود به تنهای بدون لشکر افغان بشهر آمده ملاقات کند اولی و انسب خواهد بود میرسیدمحمد جواب مکتوبرا باین مضمون نوشته فرستاد که فرمان قضا جریان که از مصدر جاه و جلال باسم این بندهٔ درگاه سبحان عز ورود یافته بود بمطالعهٔ آن مفتخر و سرفراز گردید پیش از ورود موکب اقدس کیفیت برهمخوردگی جماعهٔ قزلباش شایع و گوش‌زد خاص و عام گشته و این مراتب البته بر پیشگاه خاطر اقدس ظاهر است که فرقهٔ قزلباشیه‌را با جماعهٔ افاغنه و اوزبک خصومت از سابق و حال در کمال ملال میباشد چنانچه سلوک این طایفه بحقیقت نمک نشناس با سلسلهٔ علیهٔ عالیهٔ صفویهٔ حق‌شناس اظهر من الشمس و رعایت و مروت و سلوک بندگان نادری در ایام سلطنت با این جماعه و دلشکستگی قزلباشیه و زوال دولت قاهرهٔ شاهنشاهی ابین من الشمس است با وجود این احوال بندگان اقدس نیز بدستور عم والاشهر این شیوهٔ ناپسندرا مرعی داشته از اهانت این

Z. 16, نشناس wohl besser ناشناس zu lesen.

جماعه که باعث زوال دولت است دقیقه فوت و فرو گذاشت نفرموده اند مصرع یک آب از این دو فرقه بیک جو نمیرود هرگاه بندگان اقدس‌را خدمت و جان‌فشانی قزلباش مرغوب و مطلوب باشد خود بدولت با چند نفر از غلامان رونق‌افزای شهر و فریقین رکابی‌را رخصت انصراف بسمت شهر زور داده که باعث اطمئنان کلّی و اطاعت و انقیاد اهل عراق و در جان‌فشانی بهیچ نوع قصور نخواهد کرد بعد چندی لشکر افغان و اوزبک‌را که اعتماد بر آنها دارند بجهت تنبیه و تادیب احمدخان درّانی که بلدهٔ هرات و قندهار و غوریان‌را منصرّف است مقرّر فرمایند در صورت اطاعت و فرمان‌برداری حسن خدمت‌گذاری آنها بر قزلباشیه بیشتر از بیشتر ظاهر گردیده و بر پیشگاه خاطر اقدس نیز رعایت آنها لازم و جماعهٔ قزلباش‌را من بعد گفتگو نخواهد بود چون بسبب منع اهالی شهر و لشکر این عاجز از استان‌بوسی درگاه خلایق‌پناه مقصّر میباشد و منتظر قدوم میمنت‌لزوم اقدس است که زینت‌بخش شهر گردیده لشکریان و رعایارا در ظلّ ماهچهٔ لوای فلک‌سا جا داده برتق و فتق امور سلطنت و مملکت پردازند از شنیدن این جواب ابراهیم‌شاه‌را دود ناخوش از روزنهٔ دماغ سر زده جماعهٔ افغان و اوزبک‌را به نهیب و غارت شهر امر نمود فریقین با لشکر آهنگ شهر نموده میرسیّدمحمّد و جماعهٔ قزلباش با اهالی قسم بدفع آنها مشغول و بایلات اطراف و جوانب حقیقت‌را نوشته استمداد نمودند و آن جماعهٔ بی عاقبه در کنب و کوب و رفت و روب

Z. 22, ms. رفت و رب.

آن ساحت دلپذیر تقصیر نکرده چند نفر از عجزه و مساکین بیرون شهررا نهیب و غارت نموده بعد از شش روز پنج هزار نفر فرقهٔ قزلباش بعزم شبخون از راه کوچهٔ باغات از شهر برآمده خودرا مانند شیر بلشکر مخالف زده جمعیرا طعمهٔ شمشیر آبدار نموده و فتنهٔ عظیم بر پا کرده معاودت بمکان خود نمودند از این حرکت خوف بر جماعهٔ مذکوره عارض شده آزادخان افغان که یکی از سرداران بود با پانزده هزار نفر سوار از ابراهیم‌شاه جدا شده عریضهٔ مشتمل بر خدمت‌گذاری و تبرّا از فرقهٔ مذکوره و توسّل بجناب میرسیّدمحمّد و فرقهٔ قزلباشیه نوشته بشهر فرستاد ایشان در جواب نوشتند که عریضهٔ مرسوله رسید در صورت صدق مقال که مرافقت قزلباش و بودن در ملک ایران آن عالیجاه‌را منظور و مطلوب است لازم چنان است که دوستی و موافقت‌را با این جماعهٔ بیعاقبت بر طاق نسیان گذاشته در کمال خاطرجمعی و اطمئنان با جمعیّت خود بسمت قزوین و ساوه رفته در آن مکان دلپذیر چندی توقّف نموده مترصّد امر تقدیر باشند و من بعد آنچه از پردهٔ غیب بمنصّهٔ ظهور اید بآن عالیجاه نوشته و صلاح کار در هرچه باشد از اطّلاع آن مسرور خواهد شد آزادخان مصلحت کار خودرا در اطاعت دیده همان وقت با جمعیّت خود بسمت ساوه مرحله گردید و باقی سرداران دیگر که بودند متزلزل گشته راه قندهاررا پیش گرفته متفرّق و ابراهیم‌شاه با معدودی عطف

Z. 8, ms. تبرا, wohl eine falsche Bildung in Anlehnung an die verba tertiae ی (richtig تبرّؤ).

عنان کرده بقلعهٔ قلابور که در اختیار سلیم‌خان قوتولوی افشار که وکیل الدوله او بود تحصّن جسته اهل قلعه مقیّد ساخته حکونگی‌را بدربار شاهرخی عرضه داشتند از حضور حضرت شاهی کس برای آوردن او و سلطان‌علی‌شاه مامور گشته بفرمان شاهرخی اوّل اورا کور کرده در عرض راه هلاك ساخته نعش اورا بارض اقدس بردند و سلطان‌علی‌شاه‌را نیز در روز ورود بقصاص خون شاهزادگان با دیدهٔ نابینا از پی برادران بامر شاهرخ‌شاه فرستادند

جهان ای برادر نماند بکس
دل اندر جهان آفرین بند و بس
مکن تکیه بر ملک دنیا و پشت
که او چون تو بسیار پرورد و کشت

در بیان رفتن میرسیّدمحمّد با کارخانجات بخراسان و صادرات آن ایّام

میرسیّدمحمّد خلف الصّدق میرزا داؤد متولّی روضهٔ رضیهٔ رضویهٔ امام الجنّ و الانس سلطان الاولیا امام ثامن ضامن علی بن موسی الرّضا علیه التحیه و الثناء و از بطن ثمرهٔ شجرهٔ سرادق سلطنت و جهان‌بانی نوّاب عالیه شهربانو سلطان بیگم بنت سلطان بن السلطان و الخاقان بن الخاقان السلطان شاه سلیمان الصفوی بهادر خان نوّر الله مرقدهٔ که بعد از والد ماجد و در ایّام نادرشاه بدستور بامر تولیت آستانهٔ مقدّسهٔ متبرّکه اشتغال و

Z. 8—11, aus Saʿadî, Gulistân.

جهت‌سای آستان ملایک پاسبان بود که قتل نادرشاه بوقوع رسیده در تسلّط سلطان‌علی‌شاه ایشان‌را همراه گرفته بعد از شکست او و استقلال ابراهیم‌شاه و ورود بدار السلطنه تبریز ابراهیم‌شاه پنج هزار سوار همراه نموده بجهت سدّ رودخانه و بعضی امورات بدار المؤمنین قم فرستاد بعد از شکست ابراهیم‌شاه و برهم‌خوردگی قزلباش و فرار جماعهٔ افغان اهالی قم و سرکردگان قزلباشیه که در قم بودند همگی بدولتخانهٔ میرسیّدمحمّد آمده از جناب ایشان تقلّد امر سلطنت‌را در خواست و استدعاء نموده گفتند آن مطلبی که میطلبیدیم سالها از سالها است که در این آرزو بوده و میبینیم که حق بمرکز قرار گرفته باعث رفاه رعایا و برایا گردد و عرایض خوانین از قلمرو علی‌شکر که الحال بهمدان مشهور است و سرکردگان جماعهٔ خلجیه و ایلات عراق نیز بمضمون مسطور رسیده و اصرار در قبول این امر نمودند جناب میرسیّدمحمّد سر بگریبان خموشی کشیده بعد از تأمّل فرمودند که خدمت آستان ملایک‌پاسبان سلطان الاتقیاءرا از پادشاهی کلّ دنیا بهتر میدانم و مرا داعیهٔ این امر نیست در جواب گفتند که کار و بار و امور مملکت بدون پادشاهی و سلطنت نمیشود الحمد لله امروز در عراق از جناب شاهی بهتر برای این امر نیست و حسبًا و نسبًا باین امر سزاوار و لایق و از دیگران احقّ اند در بین این گفتگو برزوبیک

Z. 9, hinter میطلبیدیم سالها steht in der Hds. ein in .·. eingeklammerter Satz, der keinesfalls dorthin gehört: .·. پرسید راه خانه و خود بر در آمده .·.

مین‌باشی غلامان سرکار شاهرخ‌شاه از خراسان با مکتوب محبّت اسلوب جناب شاهرخ‌شاه و مهر سرکار فیض‌آثار سلطان الاتقیا وارد و مضمون مکتوب اینکه ملازمان آن أَبَوِی مکان اگر از راه شفقت رهگرای خراسان شوند سلطنه‌را رونق تازه و آن جانب‌را سرور بی‌اندازه حاصل خواهد شد و سوای ذات والاصفات که بزرگ خو میدانم دیگری‌را دخیل امورات سلطنت کردن منافی ضابطهٔ جهانداری و خلاف رویّهٔ معدلت و فرمان‌روایست لازم چنان است که در ورود برزوبیک غلام سرکار خاصّهٔ شریفه باستعجال مرحله پیمای این صوب گشته از ملاقات خود آن جانب‌را مسرور و نظام‌بخش امورات سلطنت کردند که بدون وجود شریف اجرای این امر عظیم بر این بندهٔ درگاه خداوند کریم شاق و ناگوار مترصّد و منتظر ملاقات میباشد منظور شاهرخ اینکه در لباس این تلبیس اورا بدست آورده در نزد خود نگاه دارد که اگر اهالی عراق و آذربایجان و فارس بسلطنت او رضا شده اطاعت نمایند میرسیّدمحمّد بدستور آبا و اجداد بتولیت روضهٔ رضویه مقرّر نماید و اگر اهالی ایران سر از طاعت باز زده بنای مخالفت بگذارند منظور آنها تقرّر امر سلطنت بمیرسیّدمحمّد باشد پیش از وقت اورا بقتل برساند میرسیّدمحمّد از اطّلاع بمضمون مکتوب شاهرخی باهالی قم و سرداران قزلباشیه جواب داد که مرا هرگز تمنّا و خواهش سلطنت نبوده و نیست شاهرخ‌شاه که از طرف والده با من قرابت قریبه دارد و الحال در مملکت خراسان مقلّد امر سلطنت میباشد بر داشته

Z. 22, Hinter میباشد muss ein beträchtliches Stück Textes

و بخراسان برده بایشان تسلیم کرده و خود معتکف آستان ملایک طواف جناب امام هشتم روحی فداه علیه التحیّه و الثنا بوده جهت سای عتبهٔ علیه فیض درجه ما دام الحیات باشد بعد از این گفتگو کارخانجات و اثاثهٔ ابراهیمشاهیرا برداشته از راه کاشان و نطنز روانه و وارد دار العباده یزد بجهت لاغری دوابّ کارخانجات بیست روز در آن مکان مقام نموده خطوط باصفهان و همدان و غیره بلاد عراق بجهت باربرداری کارخانجات نوشته فرستاد در عرصهٔ قلیل از بلاد مسطوره بقدر نه هزار اشتر و استر و یابو فراهم آمده از آنجا کوچ نموده منزل بمنزل طی مراحل نموده وارد فیض‌آباد دو منزلی مشهد مقدّس و حقیقت ورود خود و آوردن کارخانجات بخدمت پادشاهی عرض اعلام نموده شاهرخشاه در جواب نوشت که از ورود آن ابوی بمکان

---

ausgefallen sein. Unmittelbar vor dem folgenden برداشته fehlt etwa: کارخانجات و اثاثهٔ ابراهیمشاهرا, wie weiter unten. Die entsprechende Stelle in Khelîl's Meǰmaʿ et-Tevârîkh (siehe die Einleitung), lautet: ...و الحال شاهرخمیرزا که قرابت قریبه باین جناب از طرف والده دارد و بمرتبهٔ فرزند خود میدانم بعلاوهٔ قران مجید و مهر شریف مقدّس شاه خراسانرا شفیع نموده بر خود لازم و جازم نمود که انشاالله تعالی جمیع کارخانجات و متعلّقات پادشاهی بر داشته از هر طریق که مناسب باشد برده بایشان رساند و خود معتکف آستن ملایک پاسبان الخ ...

Z. 3, ms. hat: الحیوت = الحیوات.

فیض‌آباد متهیّج و مسرور گردید چند روز قبل از این عریضهٔ یکی از خوانین اکراد بحضور اقدس رسید مضمون اینکه جماعهٔ ایلات متفرّقه از روانه شدن کارخانجات و خزانه از بلدهٔ قم مطّلع شده جمعی از اشرار و مفسدین و قطّاع الطریقان هنگامه‌جو از جماعهٔ مذکوره با هم اتّفاق کرده از راه راز و قوشخانه مصمّم آمدن بر سر راه آن عالی‌شأن میباشند لازم آنست که در کمال حزم و نهایت احتیاط بتأنّی تمام بشهر در آیند بنوعیکه اشرار روسیاه‌را سفینهٔ مطلب در بحر حیرت غوطه در گشته از کردهٔ خود ناخرّم کردند و رقمی دیگر بخلاف این مضمون نوشته بود که در ورود رقم مطاع بونه و توپخانه و کارخانجات‌را بسعادت‌قلی‌خان و محمّدحسن‌خان خافی و محمّد حسین‌خان قرای و محبّ‌علی‌خان ولد فتح‌علی‌خان و فریدون‌خان غلام سرکار خاصّهٔ شریفه و سایر خوانین سپرده و خود باستعجال تمام بحضور اقدس رسیده مراتب ضروریه‌را مطّلع شوند نوّاب میرسیّدمحمّد از اطّلاع مضامین ارقام که نقیضین بود متفکّر و مشوّش شده چون چاره بجز رفتن بخدمت شاه‌رخ‌شاه ندید متوکّلاً عَلَی اللّه حسب الامر کارخانجات و غیره‌را بخوانین مرقومه سپرده و خودرا جریده با چند سوار بمشهد مقدّس رسانیده از عتبه‌بوسی جناب امام الاتقیاء علی بن موسی الرضا علیه السلام فیض‌یاب و شاه‌رخ‌شاه از ورود ایشان مطّلع شده برای رفع شبهه بآستانهٔ مقدّسه آمده در عمارات سرکار فیض‌اثار حضرت با ایشان ملاقات کرده اظهار سرور نموده برفتن چهار باغ تکلیف نمود منظورش اینکه در همان روز کار اورا باتمام رساند و در ورود بآن

مکان از اوضاع سرداران و حضرت شاهرخی بوی نفاق و اذیت بمشام جناب میرسید شاهرخشاه دریافت این معنی نموده که جناب سیّد بر مافی‌الضمیر او مطّلع گردیده برای رفع شبهه توطئهٔ آن روزرا بوقت دیگر انداخته بسلوك ظاهری پرداخت بعد از اکل طعام میرسیّد محمّد از شاهرخشاه رخصت شده بدولتخانهٔ خود رفته دوستان برای ملاقات آمده از بعضی احبّا هم معلوم گردید که حضرت شاهرخی در مقام حیله مصمّم اذیت میباشد ایشان جمعی از دوستان اهل عراق که با او موافقت داشتند بجهت محافظت با خود رفیق کرده و از اهل خراسان نیز بدستور قریب به هزار نفر جوانان از همهٔ فرقه در جزو فراهم آورده در دولتخانهٔ خود بحفاظت و حراست میپرداختند شبی پنجاه نفر از غلامان خودرا شاهرخشاه بر تبدیل لباس برای نابود جناب سیّد مقرّر نموده بدولتخانهٔ ایشان فرستاد نیمی از شب گذشته بود که چند نفر از غلامان مذکور از ممرّ آب داخل شده و تتمّه در فکر داخل شدن بودند که خواجه سرایان مطّلع شده ده کس از آنهارا گرفته باقی فرار نمودند در طلوع صبح جناب میرسیّدمحمّد مقیّدان‌را به نزد خود طلبیده سبب آمدن آنهارا باین مکان تحقیق نموده آن بیدولتان حقیقت‌را بیان واقع ظاهر نکرده هر یکی بخلاف دیگری سخن میگفت چون معلوم بود که گرفتاران از جملهٔ غلامان سرکار شاهی و سبب آمدن ایشان چیست هر ده کس‌را با معتمدی بخدمت شاهرخشاه فرستاده پیغام داد که این عاجزرا خود بدولت از عراق طلبیده و بموجب حکم اقدس کارخانجات و خزانه و

توپخانه‌را برداشته بحضور رسانیده و امری از این عاجز سر نزده که مورد بازخواست و عتاب حضرت شاهی باشد این نوع سلوك از رویهٔ بزرگی دور و از انصاف و مروّت بعید مینماید مستدعی است که از راه مرحمت این عاجزرا با متعلّقان رخصت فرموده که خودرا با متعلّقان بعتبات عالیات عرش‌درجات رسانیده بدعاگوی دوام دولت قاهره اشتغال نماید شاه عالیجاه از فرستادن غلامان و پیغام بر هم شده غلامان‌را در معرض بازخواست آورده یوزباشی غلامان بعرض رسانید که حسب الحکم اقدس بجهت امری که مقرّر فرموده بودند رفته بودیم مارا چه حدّ که بدون حکم مرتکب چنین امری شویم بمجرّد استماع این سخن یوزباشی مذکوررا با یك نفر دیگر از غلامان همان وقت بقتل رسانیده در جواب پیغام ایشان فرمود که سخنان مردمان مفسد صاحب غرض‌را بخاطر نرسانند که مارا بجز دوستی بآن عالیمقام چیزی دیگر مطمح نظر نیست بعد از چند روز در شب بهبودخان اتکی‌را شاه جمجاه در خلوت طلبیده بوعدهٔ وکالت سلطنت اورا ترغیب قتل سیّد معزّ الیه نمود خان موصوف از قبول این امر ابا و امتناع نموده عرض کرد که وقوع این امر بدون جهت منافی رویّهٔ خلافت و دارائی و خلاف ضابطهٔ معدلت و جهانداری است که خودبدولت سیّد جلیل القدررا بعهد و پیمان از عراق طلبیده هرگاه بدون جرم و خطاء محرّك قتل آن بیگناه گردند وقوع این حرکت سبب یأس و برهمی جمیع سرداران دولتخواهان خواهد گردید چون بنده‌را بجز دولتخواهی منظوری نیست جرأت

نموده عرض نمود شاه والاجاه از استماع این سخنان متبسم شده گفت دولتخواهان‌را همین لازم است که آنچه صلاح دولت دانند بعرض رسانند ومارا غرض امتحان بود باید این رازرا مخفی داشته باحدی اظهار ننمایند و خان مذکوررا مرخص فرموده روز دیگر که جمیع امرای عظام و سرکردگان با احترام در دربار شاهی مجتمع و حاضر بودند شاه والاجاه بهبودخان‌را طلبیده خطاب فرمود که بعرض اقدس رسیده است که جماعهٔ اوزبکیه تاخت و تاز محالات بعیدهٔ خراسان‌را پیش‌نهادخاطر نموده و باین خیال محالی جمعی با یکدیگر همداستان شده اند که از سمت حیات شادمان از دریای اموبه گذشته مکنون ضمیر خودرا بعمل آرند ماروچاق و اتک محل سکنای نو و طایفهٔ تاتاریه و نزدیک بسرزمین اوزبکیه است جماعهٔ تاتار الوس خودرا برداشته در آن مکان مستقیم و هرگاه جماعهٔ مذکور ارادهٔ فساد نمایند در تنبیه آنها کوشیده حقیقت‌را هر روزه بعرض اقدس رسانند خان موصوف انگشت قبول بر دیده نهاده عرض کرد که سورسات و مواجب این طایفه هنوز مقرّر نشده از هر جا که حکم اقدس شود گرفته و بلشکر داده حسب الحکم بندگان اقدس بعمل آرد جناب شاهی‌را این سخن پسند طبع غیور نیفتاده حکم بحبس خان مذکور فرمود اورا آورده در کشیکخانه نشانیدند از صدور این امر امرای عظام بعرض اقدس رسانیدند که جناب نادری و جمع پادشاهان‌را این ضابطه بوده که هر کس‌را بامری مقرّر و مامور میفرمودند پیش از روانه شدن سورسات و علیق الدوابّ

بجهت آنها معیّن و مقرّر بود بهبودخان موافقت ضابطه عرض در خواست نموده در این صورت حبس خان موصوف که سرداریست عظیم الشأن و هنوز امور سلطنت انتظام کلّی نیافته صلاح دولت نیست و باعث تخلّل سلطنت و دلشکستگی دولتخواهان و جان نثاران است شاه ذی جاه فرمود که اگر شماها دولتخواه و دمان‌ها هستید باید آنچه از مصدر جاه و جلال حکم بفرمایم بدون عذر بعمل آرید و در صورت تخلّف نمک‌حرام اوجاق گردون‌رواق خواهد بود همگی عرض کردند که آنچه حکم فرموده و خواهند فرمود کسی‌را مجال عدول و سرکشی از امر اقدس نیست فرمود که اگر سخنان شما مقرون بصدق است میرسیّدمحمّد متولّی که مخلّ سلطنت است رفته اورا بقتل رسانید تا خلوص عقیدت شما بر پیشگاه خاطر اقدس ظاهر شده رونقی در امور سلطنت پدید آید امرا و سرکردگان از این سخن بر هم پیچیده از در شاهی برآمده بهبودخان‌را از کشیکخانه بر آورده من حیث المجموع رو بدولت سرای جناب سیادت‌مآب میرسیّدمحمّد کردند چون خبر آمدن امرا با جمعیّت بسمع جناب سیّد رسید متوهّم شده بخاطر گذرانید که شاهرخ‌شاه امرارا برای قتل ایشان فرستاده است توکّل بر جناب اقدس الهی کرده با معدودی که در خدمت ایشان بودند مستعدّ قتال گشته دروازهٔ دولتخانه بسته و در بامها هم مردمان بحفظ مشغول گشتند

در بیان جلوس جناب میرسیدمحمد ملقب بشاه سلیمان و حقیقت احوال او

از ورود امرا بدر دولتخانه مردمان در صدد منع برآمده امرا در یافتند که جناب میر جلیل‌القدر خوف نموده اند امیرعلم‌خان خزیمه و بهبودخان تتار مروی و احمدخان بیات و جعفرخان کرد و امیرخان توپچی‌باشی عرب میش‌مست و خوانین اتراکیه و اکراد و افشار که مجموع شانزده نفر بودند عریضهٔ متضمّن بقسم‌های مغلّظه نوشته فرستادند که مارا سوای ملازمت و مراقبتی چند که بعرض رسانیدن آن لازم است غرضی دیگر نیست و اگر امر شود همگی بدون سلاح بخدمت مشرّف شده چگونگی‌را بعرض رسانیم جناب سیّد هر شانزده کس‌را بدون سلاح و شمشیر به نزد خود طلب داشته امرا بحضور رسیده بدأب و قانون پادشاهی کورنش نموده مبارکباد سلطنت داده همگی زمین‌را بلب ادب بوسیده ایستادند سیّد عالیشأن در جواب ایشان فرمودند که مرا هیچ داعیهٔ امر سلطنت نبوده خودرا آلودهٔ دنیای دون کردن اراده نیست از همهٔ امرا در خواست این است که مرا با متعلّقان اعانت نموده روانهٔ عتبات عالیات نمایند که بمجاورت این آستان ملایك آشیان عرش‌بنیان باقی عمررا بگذارم هر کرا قابل و لایق این امر دانند باو تکلیف نمایند جمع امرا عرض نمودند که چون شاهرخ‌شاه بسبب واندهٔ

Z. 13, بدأب ms. hat بدواب.

سجده بسلسلهٔ علیهٔ صفویه میرسد این دولتخواهان باین جهت اورا سلطنت برداشته مقلّد خدمتکاری و جان‌فشانی گردیدیم از روزیکه تخت سلطنت مارا بوجود خود زینت داده حرکاتی که از او ظاهر شده و میشود همگی خلاف رویّهٔ فرمان‌روای و باعث خرابی مملکت و رعایا و تسلّط دشمنان است و بجز بندگان که سزاوار این امر اند دیگری‌را لایق نمیدانیم و در این گفتگوها مردمان دیگر هم دو دو سه سه آمده خودرا باندرون دولتخانه رسانیده باین سخنان با سرداران همداستان گشتند و جناب سیّد از قبول نمودن ابأ و امتناع مینمود و سرداران اصرار کرده گفتند که مارا بجز خلع شاهرخ‌شاه الحال خیال و فکر دیگر نیست و تقلّد این امر در حوصلهٔ دیگری گنجایش ندارد یکی از امرا بطویله رفته اسپی‌را بزیر زین کشیده آورده و همگی امرا باتّفاق اورا سوار کرده و خودها در جلو افتاده روانهٔ چهار باغ که دار السلطنت است گردیدند و لشکریان از اطراف و جوانب مطّلع شده بامرا پیوسته و سکنهٔ شهر هم بدستور خودرا شریک نموده داخل چهار باغ و بنواختن کوس و کورکه و کرنا امر شده و توپچیان قلعه و عملهٔ جزایرخانه‌را با توپهای جلو رکابی بشلیک مامور نمودند از غوغای مردمان و آواز شادیانه و شلیک توپخانه و جزایرخانه حضرت شاهرخی متوحّش و بی استقلال گردیده بحرم‌سرا گریخت بتوهّم اینکه پنج نفر از برادران کوچک سلطان‌علی‌شاه که در حرم میباشند مبادا که سرداران قزلباشیه یکی از آنهارا بر سریر سلطنت متمکّن سازند با خواجه سرایان رسن در گلوی آن بیگناهان انداخته

بخفه نمودن امر فرمود این خبررا علی العجاله خادمان محل بسمع شریف سیّد جلیل القدر رسانیدند برای منع و مزاحم شدن قتل آن بیچارگان بسعادت‌قلی‌خان کشیکچی باشی و صفی‌قلی‌خان قرقلو که قرابت قریبه با شاهرخ‌شاه داشت حکم فرمودند که در کمال استعجال رفته داخل حرم شوند و آن مظلومان‌را از شرّ آن ظالم نجات دهند تا رسیدن خوانین بمکان مرقومه هر پنج نفر از ریسمان در گلو انداخته خفه کرده بودند بزودی ریسمان‌ها از گلوی آنها باز کرده دو نفر از آنها که یکی حسن میرزا و دیگری حسین‌میرزا بود رمقی در تن آنها باقی بود اطبّا بمعالجه پرداخته بحال آمدند و سه نفر دیگر برحمت ایزدی پیوسته بودند مأمورین این مراتب‌را بخدمت سیّد عرض و درخواست قتل شاهرخ‌شاه نمودند این معنی درجهٔ قبول نیافته محمّدرضابیك مین باشی‌را با دو صد نفر برای چوکی حرم و شاهرخ‌شاه مقرّر و به محمّدرضابیك حکم فرمودند که سوای پنج نفر خواجه سرایان احدی از ذکور و اناث‌را داخل شدن و بیرون آمدن ندهند و در اطراف حرم در کمال حزم و احتیاط جزایرچیان‌را قدغن و تأکید نمایند که شب و روز در کشیك خود مقیّد باشند و چون وقوع این امر خطیر سلطنت در بیستم شهر محرّم الحرام حسب الخواهش امرای عظام اتفاق افتاده و هنوز منجّمین ساعت سعید بجهت جلوس استخراج نکرده بودند و رای بندگان سیّد جلیل القدر این بود که در روز نوروز فیروز که اوّل بهار و ایّام اعتدال هوا و موسم سر سبزی اشجار و روئیدن گل و لاله است جلوس فرموده تخت

سلطنت و فرمان‌روای‌را بوجود شریف خون زیب و زینت بخشد خوانین عظام و سرکردگان ذوی العزّ و الاحترام بسبب طول ایّام مصلحت و مناسب ندانسته حسب التجویز منجّمان پنجم شهر صفر المظفّررا ساعت جلوس مقرّر نموده بجمع کارخانجات سرکار شاهی برای سر انجام اسباب ضروریه قدغن و تأکید شد بعد از انقضای شهر محرّم الحرام بنهج مقرّر در پنجم شهر صفر سنهٔ ۱۱۶۲ مطابق یونت ئیل در عمارت مشهور بالیاس‌خان بعد از یک ساعت که از طلوع صبح گذشته بود روز سه‌شنبه با جاه و جلال در کمال عظمت و شأن رونق‌بخش آن مکان فرحت‌بنیان و بر تخت طاؤس متمکّن گشته نقارهای بشارت و شادمانی بنوازش در آوردند و بدستور پادشاهان صفویه امرا و سرداران به تهنئت و مبارکباد رطب اللسان گشته خطبه خوانده شده و ملقّب بشاه سلیمان و سکّه بنام نامی ایشان جاری گردید بعد از تقرّر این امر عظمی حضرت شاهی بعزم عتبه‌بوسی آستان ملایک‌پاسبان سلطان الاولیا امام هشتم علیه التحیّه والثنا پیاده با امرا و سرکردگان مرحله پیما گردید میرزا محمّدامین موسوی نایب متولّی سرکار فیض‌آثار از عزم جناب شاهی مطّلع شده با ناظر و سرکشیکان و عمله طوق و علم شریف سرکار حضرت‌را برداشته باستقبال آمدند حضرت شاهی از دیدن شقّهٔ علم کورنش بجا آورده سر شده علم مقدّس‌را بدوش افتخار نهاده تا بدار ایستاده رسیده عتبهٔ دار الحفاظرا بلب ادب بوسیده داخل روضهٔ مقدّس و زیارت نموده ضریح مرصّع که نادرشاه برای مقبرهٔ خود در ایّام سلطنت

ساخته بود آورده نیاز سرکار سلاطین سجده گاه نموده معاودت بمقرّ سلطنت نموده روز دیگر به تفویض خدمات پرداختند اوّلا سلطان داود میرزا خلف اکبر خودرا بتولیت روضهٔ رضویه مقرر و میرزا شمس الدین محمّد موسوی را به نیابت تولیت و خدمت صدارت را بنوّاب میرزامقیم و امیرعلم خان خزیمه را بوکالت مطلق و احمدخان بیات را بخدمت قورچی باشی گری و امیرخان عرب را بخدمت توپچی باشی گری و مهدی قلی خان چوله بخدمت تفنکچی اقاسی گری و امیرمحراب خان عرب را بخدمت نظارت و کارخانجات شاهی و اشیك اقاسی باشی گری مجلس خلدسرشت را بعلاوهٔ بیگلربگی و سرداری استرآباد بمحمّدحسن خان قاجار مقرّر و تفویض و همچنین جمیع خدمات را فردًا فردًا بهر یك فراخور مرتبه مقرّر و بحکام عراق و آذربایجان و فارس و عمّالان ولایات نزدیك و دور ارقام مناع متضمّن بر کیفیّت جلوس و اجرای امورات با کافّهٔ مخلوقات بر وفق مدار و حسن سلوك شرف صدور یافت و یرلیغ بلیغ بنام احمدخان افغان سدوزه که احوال آن بعد از این مذکور خواهد شد نوشته بمصحوب کرمخان افغان و محمّدصالح بیك افشار شرف صدور یافت مضمون چون منشیان کارخانهٔ قضا توقیع رفیع سلطنت و فرمانفرمائی مملکت ایران را بنام نامی نوّاب همایون ما در دفاتر تقدیر بامر قدر ثبت نموده بحکم تُعِزُّ مَنْ تَشَآءُ وَ تُذِلُّ مَنْ

Z. 10, حسن! nach Khelîl. ms. hat falsch, حسین.

Z. 20, Korân, sûre III vers 25.

تَشَآءُ بِيَدِكَ الْخَيْرُ اِنَّكَ عَلى كُلِّ شَيْءٍ قَدِيرٌ بر تخت موروثی جلوس فرموده بجمیع ممالک محروسه حکّام و اعمال مقرّر و فرمان متاع لازم الاتباع صدور یافت که بحفاظت ملک و خاطرجوی رعایا و برایا پرداخته روز بروز حسن خدمات‌را بر پیشگاه خاطر اقدس ظاهر سازند و جماعهٔ ابدالی و غلزه که از بدؤ سلطنت اجداد عالی‌مقام پیوسته مقلّد اطاعت و بندگی و انقیاد بوده مورد نوازشات گردیده اند و در سرکشی و خودسری و طغیان فرقهٔ غلزه که در اواخر سلطنت خاقان مغفور بعمل آمده و بسزای کردار خود رسیده اند اظهر من الشمس است آن عالی جاه‌را لازم چنان است که به نهج سابق طریق سلامت‌را پیش گرفته داروغگان و مستحفظان خودرا از سرحدّ قندهار الی هرات که در تصرّف دارند به نزد خود طلبیده قلاع و بلدان و قصبات‌را بتصرّف گماشتگان عالی‌جاه مقرّب الخاقان بهبودخان سپه‌سالار خراسان داده و مطالب خودرا بعرض رسانیده مقرون بانجاح دانند احمدخان که بخار پند کاخ دماغ اورا فرو گرفته و از قندهار علم استقلال بر افراشته بر مسند فرمان‌فرمای تکیه زده بود از مضمون رقم متاع دیگ قهر او بجوش آمده صالح‌بیک‌را مقتول و کرمخان‌را حبس نموده چاپاریه نزد تیمورخان ولد خود که حاکم هرات بود فرستاده برای انضباط قلعهٔ هرات تأکید و بحراست و نگاهبانی آن مکان تقیّد نمود از استماع این حرکت تنبیه آن جماعه بر ذمّهٔ همّت والا نهمت شاهی لازم آمده ارقام قضا فرجام بجمیع حکّام ولایات از مصدر جاه و جلال شرف صدور یافت که بندگان اقدس‌را

عزم تسخیر قندهار و غوریان و تنبیه جماعهٔ افغان پیش‌نهاد خاطر گردیده باید بحصول اطّلاع بر مضمون رقم مناع با جمعیّت خود در مشهد مقدّس برکاب ظفر انتساب حاضر شده مورد نوازشات گردند و تخلّف‌را مورد بازخواست عظیم دانند بعد از این بهبودخان‌را با امیرخان توپچی‌باشی و امیرمعصوم‌خان برادر امیرعلم‌خان خزیمه با توپخانهٔ عظیم و بیست هزار سوار و جزایرچیان بجهت تسخیر قلعهٔ هرات مقرّر و ارقام بنام درویش‌علی‌خان هزاره و عناب‌خان تایمنی و صادق‌خان فراهی صدور یافت که با جمعیّت خود به بهبودخان و امیرخان ملحق شده بموجب حکم بعمل آرند مأمورین با توپخانه و سپاه از راه فراه روانه شده الوس تاتاررا نیز با خود متّفق کرده در ورود بظاهر هرات تیمورخان از ورود لشکر مطّلع شده با جمعیّت خود بمقابله آمده حرب صعب در میان فریقین اتّفاق افتاده لشکر افغان‌را پای ثبات از پیش بدر رفته منهزم و بقلعه گریخته تحصّن اختیار نمودند لشکر قزلباشیه قلعه‌را محاصره نموده و از غرّش صدای توپهای خاراشکاف زلزله در برج و باروی حصار انداخته محصورین متزلزل گشته فرقهٔ قزلباش که از سابق در قلعه میبودند و از تکمیلات افاغنه ناخوش بودند در جزو پیغام به نزد بهبودخان و امیرخان فرستاده متکفّل گرفتن تیمورخان گردیدند خوانین موصوف صلاح چنین دانستند که سیبهٔ دروازهٔ گرشک‌را موقوف و بردارند که چون جماعهٔ افغان‌را

Z. 13, صعب so wohl statt des صعف der Hds. zu lesen.

خوف غازیان غلبه کرده از همان دروازه راه گریز داشته باشند و اگر در صدد قتل جماعهٔ مذکوره درآیند جمعی از جماعهٔ قزلباش که در قندهار در خدمت احمدخان میباشند البته باین سبب از دست احمدخان بقتل خواهند رسید حسب الصلاح سیبهٔ دروازهٔ گرشك به بهانهٔ ساختن حواله بر داشتند جماعهٔ افغان و تیمورخان‌را از ساختن حواله خوف زیاده شده و فرصت‌را غنیمت شمرده با پنج هزار سوار و پیاده شب از همان دروازه راه فرار‌را بسمت قندهار پیمودند کدخدایان و ریش‌سفیدان قلعه از گریختن تیمورخان و افاغنه مطّلع شده بوقت دمیدن صبح از قلعه برآمده بخدمت خوانین عظام فیض‌یاب گشته بی‌تقصیری متوطّنین قلعه‌را ظاهر نموده بعفو جرائم و بخشش جان مال مستدعی گشتند در خواست کدخدایان درجهٔ قبول یافته ابراهیم‌خان نایب جزایر باشی سرکار شاهی‌را با پنج هزار جزایرچی و نسقچیان برای حفاظت وحراست اهل قلعه مأمور و روز دیگر خوانین و سرکردگان با جمعیّت قلیل داخل قلعه گردیده رویّهٔ سلوك‌را مسلوك داشته حقیقت‌را بدر پادشاهی معروض داشتند عرائض که بنظر انور رسید مورد تحسین و آفرین و بخلاع فاخره خوانین عظام و سرکردگان کرام‌را سرفراز و ممتاز فرموده بود و موکب همایون مستظهر و امیدوار گردانیدند و فرمان قضا جریان باسم جعفرخان ولد ملك‌محمودخان و میرکوچك و میرقبز اصدار یافت که با جمعیّت خود روانهٔ دار السلطنه هرات و ببهبودخان و امیرخان ملحق شده منتظر ورود موکب والا باشند و مجدّد ارقام مطّلع بحکّام و سرکردگان در بلاد شرف

نفاذ یافت که با جمعیّت سوار و پیادهٔ خود در دار السلطنه هرات بمعسکر ظفرانتساب ملحق گردند و حضرت شاهی عزم شکار نموده امیرعلمخان وکیل الدوله‌را بجهت انصرام و اجرای امورات در شهر گذاشته خود از مشهد مقدّس برآمده بسمت رادکان که مکان با کیفیّت بود نزول اجلال فرموده بعیش و کامرانی مشغول گردیدند امیرعلمخان که در شهر بجهت اجرای امورات مانده بود محمّدرضابیک اشیک‌اقاسی‌باشی سابق‌را که شاه والاجاه با جمعی دیگر برای محافظت و حراست شاهرخ‌شاه و خانمان حرم مقرّر فرموده بودند به نزد خود طلبیده حسین‌خان قرای و امیرمحراب‌خان ناظر سرکار شاهی‌را که دو روز قبل از این با یکدیگر در کور نمودن شاهرخ‌شاه مشورت نموده بودند بدون اطّلاع محمّدرضابیک برای امر مقرّر فرستاد ورود مأمورین بدر دولتخانه مستحفظان سبب آمدن استفسار نمودند امیرمحراب‌خان که قرابت قریبه با حضرت شاهرخی داشت در جواب گفت که از حضور بندگان شاهی برای رسیدن امری چند که از حضرت شاهرخی پرسیده شود مأموریم پس دو نفر از خواجه‌سرایان که همراه آمده بودند و امیرمحراب‌خان و دو نفر دیگر باندرون حرم رفته شاهرخ‌شاه‌را انداخته دیدهٔ جهان‌بین اورا از بینای عاطل ساخته معاودت نمودند محمّدرضابیک چون بمکان مقرّر رسیده حقیقت کوری شاهرخی شنید از غضب پادشاهی متوحّش شده سرانجام خودرا گذاشته با چند نفر

Z. 12, ورود sic ms.! es ist etwa و در zu ergänzen.

از امراعیان بسمت هرات توسن گریزرا مهمیز زده بدر رفت حضرت شاهی از استماع این خبر در کمال استعجال عطف عنان بشهر نموده تا سه یوم از خلوت‌خانه بر نیامدند و امیرعلم‌خان‌را منع دربار فرموده پیغام دادند که مارا ارادهٔ سلطنت ایران نبود و جاروب کشی آستان ملك‌پاسبان و تولیت درگاه آسمان‌جاه سلطان الاولیا که بهتر از پادشاهی دنیا است این بندهٔ درگاه اختیار نموده و از مابقی امورات محترز بود بسبب استدعای خوانین و آن عالیجاه و سرداران بشروطیکه فیمابین تکرار و مذکور شده است که یکی از شروط مذکورها بقتل نرسانیدن و ناقص نکردن شاهرخ‌شاه بود که الحال نقض عهد و میثاق کرده خود نیز مرتکب چنین امری عظیم گشته از بازخواست منتقم حقیقی هم اندیشه نکردند در این صورت بقول و فعل و عهد شما اعتبار نه و اعتماد نشاید و از این حرکت معلوم نیست که با ما چه سلوك خواهید کرد و منظور چیست چنانچه در روزیکه تکلیف این امر خطیررا نمودند از ما استدعای قتل شاهرخ‌شاه نموده بودند که ما قبول نکرده و از امر سلطنت ابأ و امتناع نموده درخواست نمودیم که اعانت کرده مارا با متعلّقان بعتبات عالیات عرش‌درجات برسانند که بقیّهٔ عمررا در آن آستان عرش‌نشان بآستانه‌بوسی امیر مومنان و مولای متّقیان امام المشارق و المغارب مظهر العجائب و مظهر الغرائب علی بن ابی طالب علیه الصلوة و السلام بگذارند قبول و اعانت نکرده بسوگند

Z. 9, نرسانیدن nach Khelîl; bei Emîn steht falsch رسانیدن.

غلاظ وشداد ترفیه حال عباد اللّهرا دست‌آویز و پیش‌نهاد خاطرها کرده در لباس این تلبیس بر تخت موروثی متمکّن گردانیدند که آنچه منظور خاطرها باشد بدون حکم پادشاهی متکفّل شده بعمل آرند در این صورت چنین سلطنتی چه اعتبار دارد بنحویکه سابقًا در خواست نموده بودیم اعانت نموده مارا با متعلّقان بآستانه‌بوسی جدّم برسانند و امر سلطنت‌را بهر کس خواسته باشند وا گذارند از استماع این سخنان جمیع امرا و سرکردگان و سپاه بحضور آمده سرها برهنه نموده عرض کردند که چون این بندگان أبًا عن جدّ صوفی و فدوئ سلسلهٔ علیّهٔ صفویه بوده و هستیم از تشریف آوردن بندگان شاهی بارض اقدس معلوم شد که شاه‌رخ‌شاه با وجود قابلیّت و اهلیّت در امر سلطنت در صدد ایذا و اذیت جانی بندگان اقدس برآمده و باین فدویان تکلیف این امر شنیع مینمود چون صدور این امر عظیم با القوهٔ این دولت‌خواهان قدیم نبود بفرموده عمل نکرده اورا از سلطنت خلع نمودیم و هرگاه بقتل او اقدام میشد خاین و نمک‌بحرام اوجاق گردون رواق بودیم و در صحیح بودن او مفاسد عظیمه مترتّب و مخلّ سلطنت و هیچنوعه امور سلطنت‌را انتظامی نبود لهذا باین جهات این جرأت که محض خیرخواهی دولت ابد مدّت است نموده ایم هرگاه ارادهٔ بندگان شاهی در قتل این فدویان تعلّق گرفته است و بجز اطاعت و انقیاد منظوری نه و سرپیچی از حکم اقدس‌را مقدور نداریم جناب شاهی باز در مقام ابا و امتناع برآمده خوانین هم در مقام جوابهای عجزآمیز بعرض میرسانیدند آخر

الامر حضرت شاهی فرمودند که عرضه در این امر اسرار مینمایند اشرف‌خان وند امیراصلان‌خان‌را از امروز بوکالت سلطنت مقرر و صالح‌خان بیات که بیگلربگی فارس است بقورچی‌باشی‌گری بر قرار فرمودیم تا آمدن صالح‌خان حاجی سیف‌الدین‌خان اجرای امر مقرر میکرده باشد و خدمت تفنکچی‌اقاسی‌گری بجعفرخان کرد و خدمت دیوان‌بیگی‌گری سرکار عظمت‌مدار شاهی‌را بمحمّد حسین‌خان کرد قرامانلو تفویض و امرای معزول‌را بدون حکم از آمدن حضور منع فرمودند و خوانین منصوب بامورات مقرّرها سرگرم و مقیّد گردیده امرای معزول حسب الحکم انزوا اختیار نمودند بعد از هفت روز حضرت شاهی‌را اطاعت امرای معزول مقبول افتاده باحضار ایشان امر فرمودند بدستور پیش امیرعلم‌خان‌را باز مرتبه بوکالت علیهٔ عالیهٔ سلطنت سرفراز و خوانین دیگررا نیز بخدمات که پیشتر مقرّر بودند شرف امتیاز بخشیدند و بعد از این مقدّمات شاه والاجاه بفکر سفر قندهار افتاده لشکر خراسان‌را بجمع‌آوری مشغول و باستعجال لشکرهای عراق و آذربایجان و فارس‌را بحضور طلب فرمودند در این بین امیرمحراب‌خان عرب ناظر سرکار پادشاهی که از چندی مریض بود جهان فانی‌را وداع نموده بسرای جاودانی شتافت حضرت شاهی نظر بقرابت قریبه که امیرمحراب‌خان با امیرعلم‌خان داشت پاس خاطر نموده امیرعلم‌خان‌را با جمیع امرا و خوانین بجهت تجهیز و تکفین و تشییع جنازهٔ او رخصت فرمود بعد از روانه شدن امرا امیرعلم‌خان از حضور شاهی مرخّص شده در میدان دولتخانه که رسید جمعی کثیر که زیاده بر دو هزار پیاده

بودند و در جلو خانه مستعد ایستاده و متوحّش دیدار یوسف‌علی‌خان جلایر که آن هم در آنجا بود پرسید که این سواران و پیادگان کیستنند و برای چه ایستاده اند یوسف‌علی‌خان مذکور گفت که قبل از این رقم مطّلع شاهی بنام زال‌خان برادرم برای فرستادن نوکران اویماق جلایر شرف صدور یافته بود حسب الحکم اقدس زال‌خان نوکران اویماق جلایررا آورده بجهت دیدن سان حاضر میباشند امیرعلم‌خان چون مردی هوشیار و ذی هوش بود از تقریرات مشوّش او در یافت تقاضا کرده در یافت نمود که البتّه اورا منظوری خواهد بود از همانجا مراجعت نموده حقیقت این مراتب‌را بعرض شاهی رسانیده گفت چون این بندهٔ دولت‌خواه و امرارا مأمور به تجهّز و تکفین امیرمحراب‌خان فرموده اند و از ناصیهٔ یوسف‌علی‌خان که آثار خیانت استنباط نموده است اگر خان موصوف استدعای دیدن شان نماید بندگان اقدس دیدن‌شان امروزرا بفردا مقرّر و خود بدولت در خلوت باشند تا فردا که همه امرا و خوانین حاضر خواهند شد اگر ارادهٔ فاسدی داشته باشد بسزای خود خواهد رسید بعد از اظهار این مقدّمات رخصت شده رهگرای خدمت مأموره گردید یوسف‌علی‌خان و زال‌خان جلایر با جمعی دیگر از خوانین در جزو بنای خیانت گذاشته با هم متّفق شده بودند تبیین این مقال آنکه صبیّهٔ میرزا خان سلطان که زوجهٔ شاهرخ‌شاه بود بدفعات رقعجات نوشته در جزو بمعرفت خواجه‌سرایان نادرشاهی که در خدمت او میبودند به نزد یوسف‌علی‌خان جلایر فرستاده مضمون آنکه امرای نمک‌بحرام که حضرت شاهرخی‌را خلع و

بکوشه نشانیده دیگری‌را بر تخت سلطنت متمکن گردانیده معیوبی چشم شاهرخ‌شاه‌را در السنه و افواه شهرت داده اند محض کذب و غلط است حضرت شاهرخی با چشم بینا موجود و حاضر است آن عالیجاه چرا حمیّت او باقی و اهلیّت‌را از دست داده با امرای نمک‌بحرام در این امر شریک شده همداستان گشته اند زنان ایلات‌را از آن عالیجاه حمیّت و غیرت بیشتر خواهد بود اگر اختیار این امورات با اطفال خوردسال میبود هر آینه همگی کشتن‌را بر خود گواراتر از این بی‌غیرتی دانسته باین امر اقدام نمینمودند آن عالیجاه با این بی‌غیرتی بعد از این در میان ایلات ایران چه قسم دم از اهلیّت خواهند زد ودر کدام مجلس و محفل هدف تیر ملامت و بی‌حمیّتی نخواهد شد الحال هم کار چندان از دست نرفته اگر فی الجمله غیرت‌را بکار برند از ننگ و عار خودرا برآورده مختار کار کارخانهٔ سلطنت خواهند گردید و الّا من بعد خودرا و زمرهٔ ایلات نشمرده در فرقهٔ نامردان و بی‌غیرتان محسوب خواهد بود و نوشتجات دیگر بقربان‌علی‌خان جزایرچی‌باشی قرقلو و بکندی‌بیك افشار چارچی‌باشی و قاچارافشار و فریدون‌خان نایب قوللراقاسی و حاسم‌خان نسقچی‌باشی و کریم‌خان ترنزلو قوریساول‌باشی و علی‌یارخان چوله توپچی‌باشی جلو سرکار خاصّهٔ شریفه و منصورخان سیلسپر

Z. 6, ایلات; in der Hds. undeutlich: املات?

Z. 16, بکندی nach der entsprechenden Stelle bei Khelîl; in der Hds. des Emîn sehr undeutlich punktiert!

Z. 17, حاسم vielleicht هاشم zu lesen?

Z. 19, سیلسپر nach Khelîl; der Name ist bei Emîn unleserlich.

چنداولباشی با مضامین غیرت امیز در خفیه نوشته فرستاده بود خوانین مذکور که اکثری در دولتخانه بودند و بندوبست دولتخانهٔ شاهی در ید اختیار آنها بود در جزو با یکدیگر متفق شده جماعهٔ عیشه کشیك که شش هزار نفر بودند آنهارا هم با خود متفق کرده وقتیکه حضرت شاهی بگفتهٔ امیرعلمخان وکیل الدوله دیدن سان نوکران آوردهٔ زالخان جلایررا آن روز موقوف نموده و خود بخلوت تشریف بردند و امیرعلمخان و امرا بکار تجهیز و تکفین امیرمحرابخان مشغول بودند یوسفعلیخان جلایر این وقترا فرصت شمرده تمام سواران و پیادگان جلایررا بتدریج دو دو سه سه از دروازههای چهارباغ داخل نموده با مردمان اندرون که متفق بودند جزایرچیانرا بر سر بامها فرستاده و دروازههارا از اندرون بسته خود با سرداران دیگر آمده حضرت شاهیرا از خلوتخانه بیرون کشیده دیدهٔ حقبین اورا از حدقه بر آورده شاهرخشاهرا از اندرون بر آورده بامید آنکه بموجب نوشتهٔ صبیّهٔ میرزاخانسلطان شاهرخ چشمداررا بر سریر سلطنت به نشانند چون دیدند که دیدهاش از حیثیّت نور عاطل و از دیدن بیبهره است از کردهٔ خودها نادم و پشیمان گشته متأسّف و محزون و آن مفسدهٔ فتّانه بدّزادهٔ فطامهرا طعن و لعن نموده لاچار شاهرخشاه نابینارا شیرت بینای داده بر تخت سلطنت نشانیده نقارههای بشارت بنوازش درآورده بشلیك تیر و تفنك و جزایر زلزله در ارض اقدس انداختند وکیل الدوله و امرا که در آستانهٔ مقدّسه به تجهیز و تکفین امیرمحرابخان مشغول بودند از آواز توپ و تفنك و نقارهخانه

مضطرب شده رو بدر دولت‌سرای شاهی نهادند و جماعهٔ بیات و اعراب و اکراد نخی و لالوی ومروی که زیاده بر پنجاه هزار بودند بدر دولت‌سرا جمع شده با وکیل الدوله متّفق شده از چهار طرف چهار باغ‌را محاصره نمودند و امرای اندرون با یوسف‌علی‌خان توپهارا بامرای بیرون بسته جمعی از لشکریان‌را بر خاك هلاك افکنده لشکریان‌را از صدمهٔ توپ و جزایر بی استقلال کرده در نشانیدند یوسف‌علی‌خان بامیرعلم‌خان و بهبودخان پیغام نمود که شما شاهرخ‌شاه‌را از سلطنت بیدخل و شهرت کورکردن او در خراسان و عراق و آذربایجان و فارس داده بخاطرخواهی خود دیگری‌را بر سریر سلطنت متمکّن گردانیده اورا گوشه‌نشین کرده بودید چون حافظ حقیقی حضرت ایشان‌را از اشرار در حفظ و حمایت خود نگاه داشته چشم جهان‌بین اورا هم شرّ اعدا محفوظ داشت صدور این معنی بر عزّت نامداران اویماق نگنجیده در فرصت میبودند تا آنکه امروز گل مقصود در گلشن تمنّا شگفته پادشاه شمارا گرفته دیدهٔ اورا از بینای عاطل و شاهرخ‌شاه‌را با چشم روشن از گوشهٔ انزوا بر آورده بر سریر فرمان‌فرمای و سلطنت نشانیدیم الحال جنگ و جدال شما بیفایده و با پادشاه مخاصمه کردن بیصورت و ثمری بجز ندامت و خجالت نخواهد داشت باید بدستور سابق کمر باطاعت و بندگی بسته از کردهٔ خود نادم و بدربار سپهرمدار حاضر گردیده بعفو جرایم سائل و امیدوار بوده و بندهٔ درگاه آسمان‌جاه متعهّد و متکفّل این امر دانند که شاه جم‌جاه در صدد انتقام بر نیآمده بلکه در صورت متابعت در مراتب ایشان افزایند نظم

من آنچه شرط صلاح است با شما گفتم
همان کنید که بهتر بود شمارا حال

امیر علمخان و سرداران از شنیدن این سخنان از روی غضب گفتند که بهتر آن است که اوّل بدفع تو نمك حرام پرداخته بعد انتقام از شاهرخشاه بکشیم سوای این منظور نداریم بعد از این گفتگو بیکبار امرا و سرداران و لشکریان یورش بحصار چهار باغ انداخته محصورین و یوسفعلیخان که توپخانهٔ شاهی در اختیار آنها بود از چهار طرف بشلیك توپ و تفنك و جزایر و بادلچ توپچیان‌را امر نمودند از صدای هایهوی دلیران عرصهٔ میدان و غرش توپ و بادلچ و جزایر و تفنك جهان پر آشوب گردیده و جمعی کثیر از دلیران بضرب توپ و تفنك جهان وداع و بسرای آخرت شتافتند نزدیك بود که دلاوران داخل حصار گشته دمار از محصوران و یوسفعلیخان بر آورند که زنگی سیاهفام لیل بمیانجیگری قدم در میان نهاده از پردهٔ ظلمت چشم بصیرت دلاوران‌را بسته بی نیل مقصود بر گشته کشیدن انتقام‌را موقوف بر وقت دیگر داشته هر فرقه با سردار خود روانهٔ اوطان خود گردیدند یوسفعلیخان بعد از رفتن سرداران شاه سلیمان و متعلّقانش‌را از چهار باغ بر آورده بارك داخل نموده و مستحفظان شدید برای حراست و منع آمد و شد مقرّر و خودرا وکیل الدوله نامیده مختار کارخانهٔ سلطنت گردید از خبر جلوس شاهرخشاه امرایکه باعث خلع او شده

Z. 9. Die Hds. hat و توپچیان را.

بودند خایف و هراسان گشته خبر خلع و کوری شاه سلیمان که گوش‌زد خاصّ و عامّ گردید بهبودخان بیگلربگی هرات و امیرخان توپچی‌باشی که منتظر ورود موکب شاه سلیمانی بودند از استماع این خبر متوحّش شده بسبب شرکت در خلع شاه‌رخ‌را با امرا آمدن ارض اقدس‌را صلاح حال خود ندانسته عریضهٔ مشتمل بر اطاعت و انقیاد و خدمت‌گذاری و سپردن دار السلطنت هرات نوشته بمصاحبت چاپار بقندهار به نزد احمدشاه درّانی فرستادند یوسف‌علی‌خان که سرداران‌را دور و خودرا مختار در امر سلطنت دید جمعیّت بسیاری از اکراد فراهم آورده همه روزه بسخنان بیهوده چرب و شیرین خاطر حضرت شاه‌رخی‌را بآمدن نامداران عراق و فارس و آذربایجان قرین سرور مینمود و بانتقام کشیدن از امیرعلم‌خان و سردارانیکه اورا از سلطنت خلع و کور نموده بودند امیدوار و زر مواجب قوشون‌را از حضرت شاهی طلب مینمود چون در آن وقت زری موجود نبود و خزانهٔ نادری همه بتاراج حوادث رفته بود حضرت شاهی جوابی نفرمود یوسف‌علی‌خان که چشم بر جواهرات باقی ماندهٔ جواهرخانهٔ نادری دوخته و از این تدبیرات غرضش همان بود عرض کرد که چون الحال در خزانه زر نیست جواهرات بمصرف افتاده است بسپاه باید داد که کار سلطنت‌را از سپاه رونقی و لشکریان‌را متابعت و انقیاد در دادن زر است شاه والاجاه خان مذکوررا مختار نمود که هرچه مناسب داند بعمل آورد یوسف‌علی‌خان با چند نفر از سرداران متّفق شده هر روزه بجواهرخانه رفته جواهرات قیمتی‌را جدا کرده در میان توبره کرده بخانهای خود

میفرستادند بعد از چند روز ده تخت جواهرات خوبرا چیده
از جواهرخانه بیرون بردند چیزی دیگر که مرغوب باشد نبود
به بهانهٔ آوردن فوج و سر انجام سفر عراق روانهٔ
قلعهٔ کلات که محلّ سکنای او بود گردیده
دیگر بمشهد مقدّس معاودت ننمود و
در آنجا بعیش و عشرت
میگذرانید

Z. 1, ننمود so durchaus nötig für نمود der Hds.